Ok! Click 시리즈는 컴퓨터를 쉽고 편리하게 익힐 수 있도록 야심차게 준비한 교재입니다. 블로그가 일반화되고 디지털 사진이 기본이 되버린 현실에서 포토샵을 보다 쉽고 재미있게 배울 수 있도록 어렵지 않은 예문과 큰 글자체, 큰 화면 그림으로 여러 독기층이 누구나 부담없이 책을 펼쳐 배울 수 있도록 만들었습니다.

내용면에서는 초보자가 포토샵을 이해~~~~~~~~~~~~ 계제와 어려운 기능을 공부하기 힘든 독자를 위해 고난이도 ~~.

편집면에서는 깔끔하고 시원스러운 편~~~~~~~~ 도록 구성하였습니다.

교재는 다음과 같이 구성되었습니다.

1 | [배울 내용 미리보기]를 통해 학습할 내용이 무엇인지 이해시키고 학습동기를 유발하도록 구성하였습니다.

2 | 교재 전체 구성은 전체 21강으로 구성하고 한 강안에 소제목을 두어 수업의 지루함을 없애고, 단계별로 수업 및 공부할 수 있도록 구성하였습니다.

3 | [참고하세요]를 이용하여 교재의 따라하기 설명이외에 보충 설명하여 고급 기능 및 유사 기능을 학습할 수 있도록 구성하였습니다.

4 | [혼자 풀어 보세요]는 한 강을 학습한 후 혼자 예제를 풀어보면서 학습 내용을 얼마나 이해했는지 알아볼 수 있도록 2문제에서 4문제로 구성하였습니다.

5 | [힌트]를 통해 좀 더 쉽게 예문을 풀 수 있도록 구성하였습니다.

6 | [혼자 풀어 보세요]의 예문에 대한 문의는 교학사 홈페이지(www.kyohak.co.kr)의 게시판에 남겨주시면 답변해 드립니다.

이 교재를 사용하는 독자분들이 컴퓨터를 쉽게 접하고 배워 컴퓨터와 친구가 되고 컴퓨터가 생활의 일부가 되어 더 높은 컴퓨터 기술을 습득할수 있는 발판이 되었으면 합니다.

편집진 일동

20 필터 활용하기

필터는 다양하게 사진을 꾸미거나 보정하고, 스케치나 연필과 그림과 같은 효과를 각종 포토아트 효과로 적용하여 독특한 이미지를 만들 수 있습니다.

➜➜ 방사형 흐림 효과 필터를 적용하여 시선이 모아지는 이미지를 만들 수 있습니다.
➜➜ 노이즈 효과와 블랜딩 모드를 적용하여 연필로 그린 이미지를 만들 수 있습니다.

배울 내용 미리(보기) ➕

❶

 ▲ 파일명 : 취미_완성.psd

 ▶ 파일명 : 전통_완성.psd

166

❷ **01** 주밍 효과로 시선 모으는 이미지 만들기

❶ [sample₩section20₩취미.jpg] 파일을 불러옵니다. ■(원형 선택 윤곽 도구)를 선택한 다음 주밍 효과를 설정할 영역을 드래그합니다.

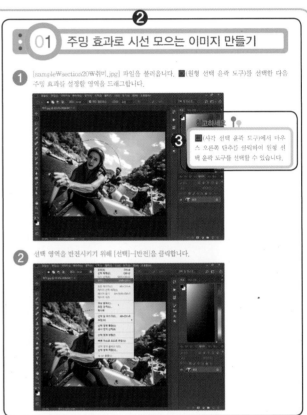

참고하세요 ❸

❸ ■(사각 선택 윤곽 도구)에서 마우스 오른쪽 단추를 클릭하여 원형 선택 윤곽 도구를 선택할 수 있습니다.

❷ 선택 영역을 반전시키기 위해 [선택]-[반전]을 클릭합니다.

167

🌱 ❶ 배울 내용 미리보기
[배울 내용 미리보기]를 통해 학습할 내용이 무엇인지 이해시키고 학습동기를 유발하도록 구성하였습니다.

🌱 ❷ 본문
교재는 전체 21강으로 구성하고 한 강 안에 소제목을 두어 수업의 지루함을 없애고, 단계별로 수업 및 공부할 수 있도록 구성하였습니다.

🌱 ❸ 참고하세요
[참고하세요]를 이용하여 교재의 따라하기 설명 이외의 기능은 보충 설명하여 고급 기능 및 유사 기능을 학습할 수 있도록 구성하였습니다.

🌱 ❹ 혼자 풀어 보세요

[혼자 풀어 보세요]는 한 강을 학습한 후 혼자 예제를 풀어보면서 학습 내용을 얼마나 이해했는지
알아볼 수 있도록 2문제에서 4문제로 구성하였습니다.

🌱 예제파일

[혼자 풀어 보세요] 및 실습에 사용된 예제는 교학사 홈페이지(도서자료)에서 제공합니다.

 URL : http://www.kyohak.co.kr/ [IT/기술 수험서] – [도서 자료] – [클릭 포토샵CC]

🔹 예제파일에 사용된 글꼴은 독자의 컴퓨터에 설치되어 있는 임의의 글꼴로
사용하셔도 무방합니다.

CONTENTS

CONTENTS

포토샵 시작하기

포토샵 CC 2018의 화면 구성과 다양한 도구 박스에 대해 알아보고, 이미지를 불러오는 방법과 이미지 크기를 조절하는 기본 방법에 대해 알아보겠습니다.

➡➡ 포토샵 화면 구성과 도구의 기능을 알아봅니다.
➡➡ 이미지를 불러오고, 크기를 조절해 봅니다.

배울 내용 미리보기 ➕

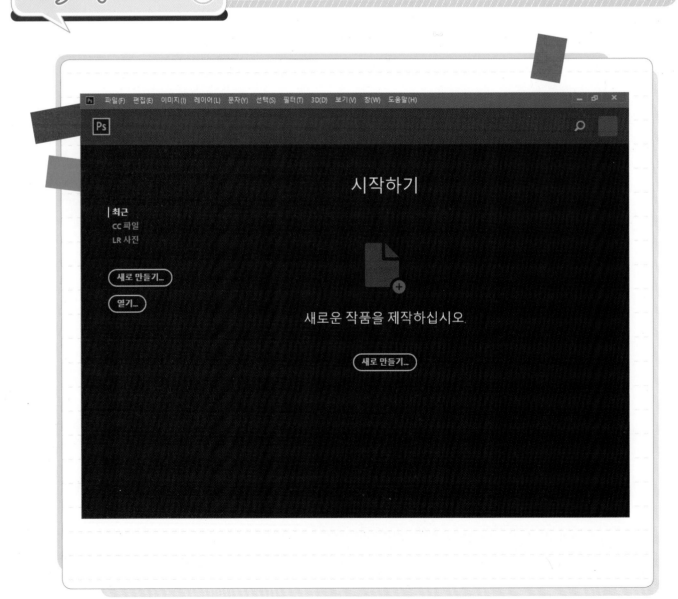

01 이미지 불러오기

① 윈도우 시작 단추를 클릭하여 [모든 프로그램]−[Adobe Photoshop CC 2018]을 클릭합니다. 포토샵 CC이 실행되면 저장되어 있는 이미지를 불러오기 위해 [열기]를 클릭합니다.

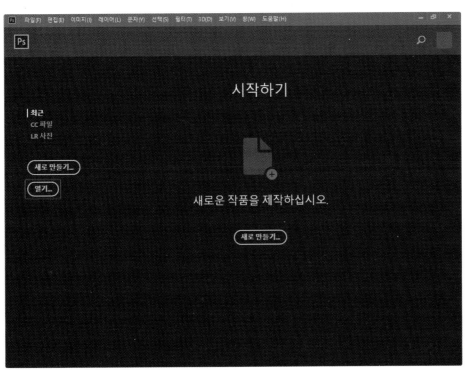

② [열기] 대화상자에서 [sample₩section01₩여행.jpg]를 선택하고 [열기]를 클릭합니다.

02 포토샵 화면 구성 살펴보기

❶ 메뉴 표시줄 : 포토샵에서 이미지 작업을 하기 위한 기능을 모아 놓은 곳입니다.

❷ 옵션 막대 : 선택한 도구의 작업을 세밀하게 하기 위해 옵션을 조절할 수 있습니다.

❸ 이미지 탭 : 저장된 파일을 불러왔을 때 파일의 이름과 화면 확대 비율, 색상 모드가 표시됩니다.

❹ 도구 패널 : 작업을 하기 위한 도구를 아이콘으로 표시해 놓은 도구 모음입니다.

❺ 캔버스 : 포토샵에서 이미지 편집 작업이 이루어지는 곳입니다.

❻ 패널 : 이미지 작업에 필요한 옵션이 팔레트 형태로 표시되며, 이미지 편집 작업할 때 보조적으로 사용됩니다.

❼ 상태 표시줄 : 현재 작업 중인 이미지의 크기와 용량이 표시됩니다.

○3 도구 패널 알아보기

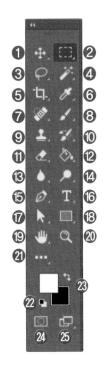

❶ 이동 도구/대지 도구

❷ 사각형 선택 윤곽 도구/원형 선택 윤곽 도구/단일 행 선택 윤곽 도구/단일 열 선택 윤곽 도구

❸ 올가미 도구/다각형 올가미 도구/자석 올가미 도구

❹ 빠른 선택 도구/자동 선택 도구

❺ 자르기 도구/원근 자르기 도구/분할 영역 도구/분할 영역 선택 도구

❻ 스포이드 도구/3D 재질 스포이드 도구/색상 샘플러 도구/눈금자 도구/메모 도구/123 카운트 도구

❼ 스팟 복구 브러시 도구/복구 브러시 도구/패치 도구/내용 인식 이동 도구/적목 현상 도구

❽ 브러시 도구/연필 도구/색상 대체 도구/혼합 브러시 도구

❾ 복제 도장 도구/패턴 도장 도구

❿ 작업 내역 브러시 도구/미술 작업 내역 브러시 도구

⓫ 지우개 도구/배경 지우개 도구/자동 지우개 도구

⓬ 그레이디어트 도구/페인트 통 도구/3D 재질 놓기 도구

⓭ 흐림 효과 도구/선명 효과 도구/손가락 도구

⓮ 닷지 도구/번 도구/스폰지 도구

⓯ 펜 도구/자유 형태 펜 도구/곡률 펜 도구/기준점 추가 도구/기준점 삭제 도구/기준점 변환 도구

⓰ 수평 문자 도구/세로 문자 도구/세로 문자 마스크 도구/수평 문자 마스크 도구

⓱ 패스 선택 도구/직접 선택 도구

⓲ 사각형 도구/모서리가 둥근 직사각형 도구/타원 도구/다각형 도구/선 도구/사용자 정의 모양 도구

⓳ 손 도구/회전 보기 도구

⓴ 돋보기 도구

㉑ 도구 모음 편집

㉒ 기본 전경색과 배경색

㉓ 전경색 설정/배경색 설정

㉔ 빠른 마스크 모드로 편집

㉕ 화면 모드 전환

---

1 특정 도구 위에 마우스 포인터를 위치시키면 해당 도구의 사용법이 표시됩니다.

2 도구 위에서 마우스 오른쪽 단추를 클릭하면 숨겨있는 도구를 선택할 수 있습니다.

04 이미지 확대/축소하기

1 이미지를 불러오면 포토샵 하단의 상태 표시줄에 불러온 이미지의 화면 비율과 파일 용량을 확인할 수 있습니다. 이미지를 확대하기 위해 도구 패널에서 🔍(돋보기 도구)를 선택합니다.

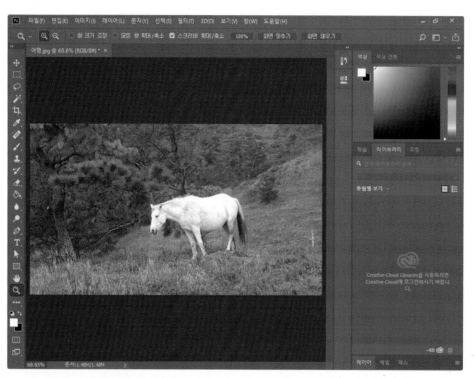

2 마우스 포인터가 돋보기 모양으로 바뀌면 이미지를 클릭합니다. 이미지를 클릭할 때마다 화면이 100%씩 확대됩니다.

③ 화면을 이동시키기 위해 🖐(손 도구)를 클릭한 다음 이미지를 왼쪽으로 드래그하면 화면이 이동됩니다.

참고하세요

Space Bar 를 누른 상태로 화면을 드래그하여 이동시킬 수 있습니다.

④ 이미지를 축소하기 위해 다시 🔍(돋보기 도구)를 클릭한 다음 *Alt* 를 누른 상태로 이미지를 클릭합니다.

참고하세요

이미지를 문서창 크기에 맞게 크기를 조절하기 위해 손 도구를 더블클릭합니다.

"혼자 풀어 보세요"

1 준비파일을 불러와 보세요.

▶준비파일 : section01/해바라기.jpg

2 이미지를 200% 크게 확대해 보세요.

"혼자 풀어 보세요"

3 확대한 이미지를 화면에서 이동시켜 보세요.

4 이미지를 50%로 작게 축소시켜 보세요.

작업 영역 선택하기

이미지의 일부를 복사 또는 삭제하거나, 다른 색으로 변경하고자 할 때 작업 영역을 사각이나 원 형태로 선택할 수 있으며, 영역을 추가하고 빼는 작업에 대해 알아보겠습니다.

➺➺ 사각형 선택 윤곽 도구와 원형 선택 윤곽 도구로 이미지의 원하는 부분을 선택합니다.

➺➺ Alt 와 Shift 를 이용하여 선택 영역을 추가하거나 뺄 수 있습니다.

배울 내용 미리보기 ✚

▶ 파일명 : section02/lte_완성.psd

01 이미지 불러오기

① [파일]-[열기]를 클릭하여 [열기] 대화상자에서 [sample₩section02₩전화기.jpg]를 불러온 다음 ▦(사각형 선택 윤곽 도구)를 선택합니다.

② 이미지에서 선택할 부분을 마우스로 드래그하여 영역을 선택합니다. 선택 영역을 해제하기 위해 이미지를 클릭합니다.

참고하세요

Shift 를 누른 상태로 드래그하면 정사각형으로 영역이 선택됩니다.

③ 이번에는 원형으로 선택 영역을 설정하기 위해 사각형 선택 윤곽 도구에서 마우스 오른쪽 단추를 클릭하여 ◯(원형 선택 윤곽 도구)를 선택합니다.

④ 다음과 같이 원하는 부분을 Alt 를 누른 상태로 드래그하면 마우스 포인터가 선택 영역의 중심이 되어 원형으로 영역이 선택됩니다.

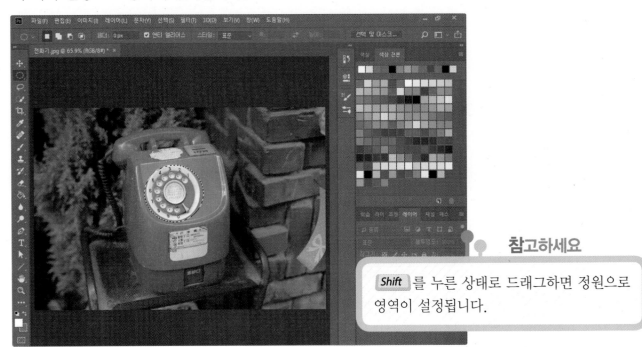

참고하세요

Shift 를 누른 상태로 드래그하면 정원으로 영역이 설정됩니다.

02 선택 영역 더하고 빼기

1 [파일]-[열기]를 클릭하여 [열기] 대화상자에서 [sample₩section02₩lte.psd]를 불러온 후 전경색을 검정으로 설장합니다. ⬚(사각형 선택 윤곽 도구)를 선택합니다. 다음과 같이 직사각형으로 영역을 선택합니다.

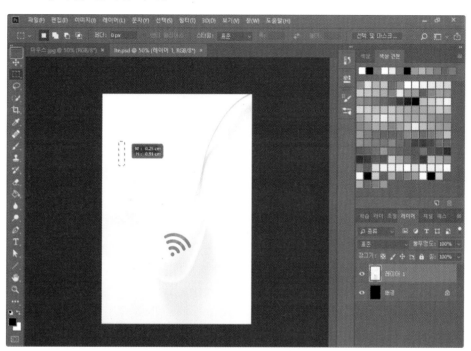

2 **Shift** 를 누른 상태로 다음과 같이 오른쪽 드래그하여 영역을 추가합니다.

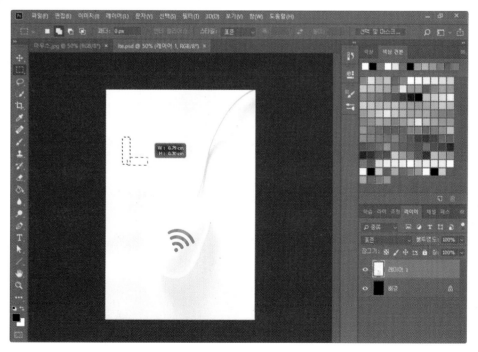

③ **Shift** 를 누른 상태로 다음과 같이 영역을 추가합니다.

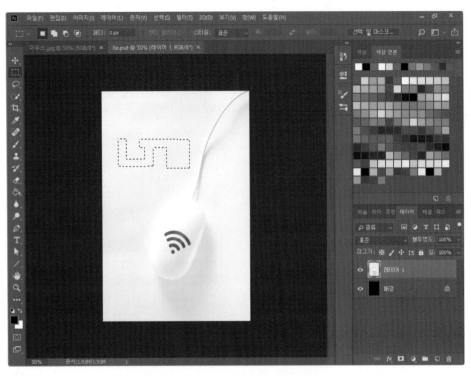

④ 이번에는 영역을 빼기 위해 **Alt** 를 누른 상태로 다음과 같은 모양이 되도록 영역을 뺍니다.

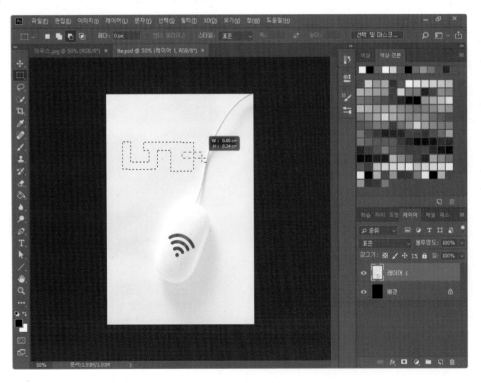

⑤ 같은 방법으로 다음과 같이 영역을 설정한 다음 Delete 를 눌러 영역 삭제합니다.

참고하세요

Ctrl + Z 를 누르면 작업하기 이전의 상태로 되돌립니다.

⑥ 다음과 같이 이미지에 글씨가 새겨진 것을 확인할 수 있습니다.

참고하세요

Ctrl + Delete 를 누르면 선택 영역이 지워지고, 배경색으로 채워집니다.

Alt + Delete 를 누르면 선택 영역이 지워지고, 전경색으로 채워집니다.

"혼자 풀어 보세요"

1 준비파일을 불러와 원형으로 선택 영역을 만들어 삭제해 보세요.

> **힌트**
>
> 원형 선택 윤곽 도구를 이용하여 원 모양으로 영역을 선택한 다음 *Delete* 를 누릅니다.

▶ 준비파일 : section02/해바라기.psd
▶ 완성파일 : section02/해바라기_완성.psd

2 준비파일을 불러와 사각형으로 선택 영역을 만들어 삭제해 보세요.

> **힌트**
>
> 사각형 선택 윤곽 도구를 이용하여 직사각형으로 영역을 선택한 다음 *Delete* 를 누릅니다.

▶ 준비파일 : section02/가족.psd
▶ 완성파일 : section02/가족_완성.psd

3 준비파일을 불러와 원형 선택 윤곽 도구를 이용하여 다음과 같이 만들어 보세요.

▶준비파일 : section02/밤하늘.psd
▶완성파일 : section02/밤하늘_완성.psd

4 준비파일을 불러와 원형 선택 윤곽 도구와 사각형 선택 윤곽 도구를 이용하여 다음과 같이 카메라 그림을 그려보세요.

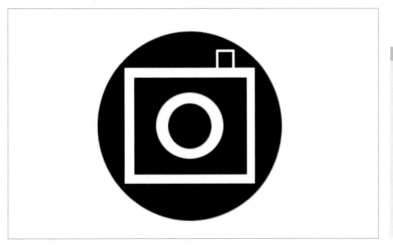

> **힌트**
>
> 바깥에서부터 원형으로 영역을 선택하고 검정으로 채웁니다. 사각형으로 영역을 선택하고 흰색으로 채우고 다시 사각형으로 선택하고 검정을 채우는 방법으로 카메라의 테두리를 만듭니다. 원 영역을 선택하고 흰색을 채우고 다시 선택 영역을 만들고 검정을 채우는 방법를 이용하여 완성합니다.

▶준비파일 : section02/카메라.psd
▶완성파일 : section02/카메라_완성.psd

03 이미지 복사와 이동하기

이미지에서 특정 부분을 영역으로 설정하여 복사하거나 이동하여 이미지를 합성하는 방법에 대해 알아보겠습니다.

➤➤ 복사 기능을 이용하여 같은 이미지를 여러 개 만들 수 있습니다.
➤➤ 이동 기능으로 이미지를 합성할 수 있습니다.

배울 내용 미리보기 ➕

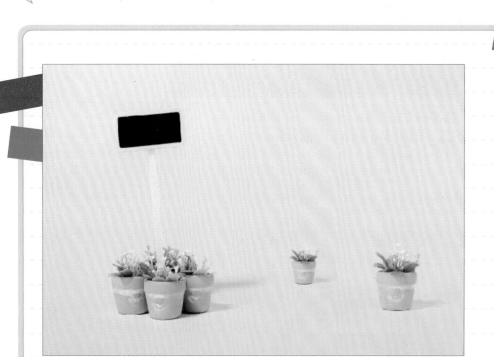

▲ 완성파일 : 화분_완성.psd

▲ 완성파일 : 음식 _완성.psd

01 이미지 복사하기

1 [파일]-[열기]를 클릭하여 [열기] 대화상자에서 [sample\section03\화분.psd] 파일을 불러옵니다. ▣(사각형 선택 윤곽 도구)를 선택하여 복사할 부분을 드래그하여 영역을 설정합니다.

2 ✥(이동 도구)를 선택한 다음 *Alt* 를 누른 상태에서 복사할 영역으로 드래그합니다.

③ 복사한 이미지의 크기를 줄이기 위해 [편집]-[자유 변형]을 클릭합니다.

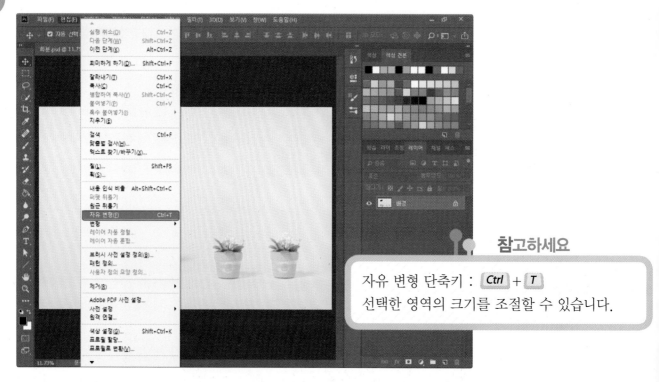

참고하세요

자유 변형 단축키 : `Ctrl` + `T`
선택한 영역의 크기를 조절할 수 있습니다.

④ 이미지 주위에 나타난 크기 조절 핸들을 `Shift` 를 누른 상태로 드래그하여 크기를 조절하고 `Enter` 를 눌러 완성합니다.

잘라내기로 이미지 합성하기

1 [파일]-[열기]를 클릭하여 [열기] 대화상자에서 [sampleＷsection03Ｗ음식.psd] 파일을 불러옵
니다. ▦(사각형 선택 윤곽 도구)를 선택하여 복사할 부분을 드래그하여 영역을 설정합니다.

2 ✥(이동 도구)를 선택한 다음 Ctrl + Shift 를 누른 상태에서 복사할 영역으로 드래그합니다.

참고하세요

Ctrl + Shift 를 누른 상태로 드래그하면 수
직 또는 수평 방향으로 이동할 수 있습니다.

③ **Ctrl** + **D** 를 눌러 선택을 해제합니다. 캔버스 크기를 조절하기 위해 [이미지]-[캔버스 크기]를 클릭합니다.

④ [캔버스 크기] 대화상자에서 기준 점을 오른쪽 가운데로 선택한 다음 폭을 '17 센티미터'로 지정한 다음 [확인]을 클릭합니다.

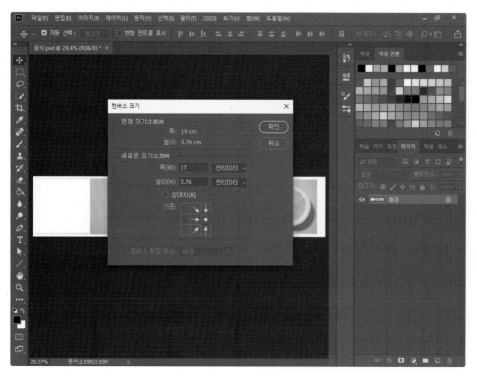

5 아래와 같이 새 캔버스 크기가 기존 캔버스 크기보다 작다는 메시지 창이 나타나면 [계속]을 클릭합니다.

6 다음과 같이 이미지의 위치가 이동되고, 캔버스 크기가 이미지에 맞게 조절된 것을 확인할 수 있습니다.

"혼자 풀어 보세요"

1 준비파일을 불러와 단추를 다음과 같이 복사해 보세요.

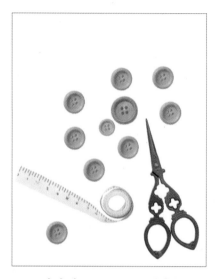

▶준비파일 : section03/단추.jpg
▶완성파일 : section03/단추_완성.psd

2 준비파일을 불러와 캔버스 크기를 위쪽 방향으로 10센티미터 넓혀 보세요.

▶준비파일 : section03/아이콘.psd
▶완성파일 : section03/아이콘_완성1.psd

3 앞에서 만든 '아이콘_완성.psd' 파일에서 아래의 두 사람을 위쪽으로 이동시켜 보세요.

▶준비파일 : section03/아이콘.psd
▶완성파일 : section03/아이콘_완성2.psd

4 준비파일을 불러와 캔버스 폭을 24센티미터 늘이고 다음과 같이 이미지를 복사한 다음 크기를 줄여보세요.

▶준비파일 : section03/오토바이.jpg
▶완성파일 : section03/오토바이_완성.psd

자동 선택 도구 이용하기

한 번의 클릭으로 이미지에서 비슷한 색상을 한꺼번에 선택하는 자동 선택 도구로 이미지의 배경색을 삭제하여 투명 배경을 만들어 보겠습니다.

➤➤ 자동 선택 도구를 이용하여 이미지의 배경을 선택할 수 있습니다.
➤➤ 선택 영역을 추가하거나 제거할 수 있습니다.

배울 내용 미리보기 ➕

◀ 완성파일 : 과일_완성.psd

▶ 준비파일 : 얼음컵.jpg, 오렌지.jpg
▶ 완성파일 : 얼음컵_완성.psd

01 자동 선택 도구로 배경 선택하기

1 [파일]-[열기]를 클릭하여 [열기] 대화상자에서 [sample\section04\과일.psd] 파일을 불러옵니다. 🪄(자동 선택 도구)를 선택하고 옵션 바의 허용치를 100으로 설정하고 배경 부분을 클릭합니다.

2 다음과 같이 배경이 선택된 것을 확인할 수 있습니다. 허용치를 조절하고 선택 영역을 다시 설정하기 위해 `Ctrl`+`D`를 눌러 선택을 해제합니다.

③ 이번에는 옵션바에서 허용치를 "80"으로 설정한 다음 배경을 클릭하면 선택 영역의 범위가 좁아지는 것을 확인할 수 있습니다.

참고하세요

허용치는 선택되는 영역의 범위를 설정합니다. 숫자가 높을수록 선택 영역의 범위가 넓어지고 낮을수록 선택 영역의 범위가 좁아집니다.

④ 선택 되지 않은 영역을 추가하기 위해 옵션바에서 허용치를 "20"으로 설정한 다음 **Shift**를 누른 상태로 추가할 영역을 클릭합니다.

참고하세요

선택 영역을 추가하려면 **Shift**를 누른 상태로 추가할 부분을 클릭합니다.

⑤ 화면과 같이 이미지가 선택되면 **Delete** 를 눌러 선택된 영역을 삭제합니다.

⑥ [파일]-[다른 이름으로 저장]을 클릭하여 파일 형식을 'PNG(*.PNG;*.PNG)'로 설정한 다음 [저장]을 클릭합니다. [PNG 형식 옵션] 대화상자에서 [확인]을 클릭합니다.

1 [파일]-[열기]를 클릭하여 [열기] 대화상자에서 [sample₩section04₩오렌지.jpg] 파일과 [얼음컵.jpg] 파일을 불러옵니다. '오렌지.jpg' 이미지 창에서 ✎(자동 선택 도구)를 선택하여 배경 부분을 클릭합니다.

2 선택 영역을 반전시키기 위해 [선택]-[반전]을 클릭합니다.

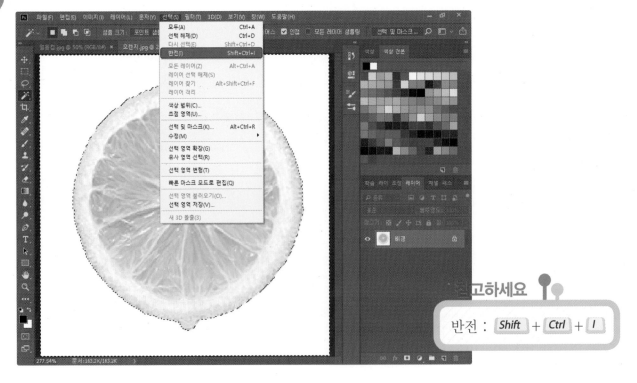

반전 : Shift + Ctrl + I

③ 오렌지만 선택된 상태에서 [편집]-[복사]를 클릭합니다.

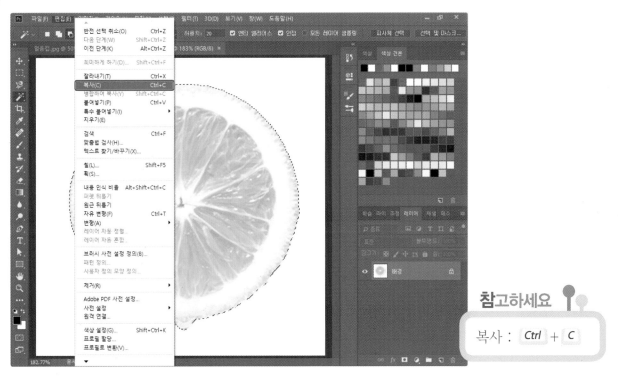

참고하세요

복사 : Ctrl + C

④ 얼음컵 이미지 창에서 [편집]-[붙여넣기]를 클릭합니다. ✛(이동 도구)를 선택한 다음 적당한 위치로 드래그하여 완성합니다.

"혼자 풀어 보세요"

1 준비파일을 불러와 흰색 배경만 선택해 보세요.

▶준비파일 : section04/서핑.psd

2 준비파일을 불러와 다음과 같이 레몬만 자동 선택 도구와 반전 기능을 이용하여 선택해 보세요.

▶준비파일 : section04/레몬.psd

3 준비파일을 불러와 자동 선택 도구를 이용하여 다음과 같이 이미지를 합성해 보세요.

▶준비파일 : section04/스마트폰.psd, 아이들.jpg
▶완성파일 : section04/스마트폰_완성.psd

4 준비파일을 불러와 자동 선택 도구와 반전 기능을 이용하여 다음과 같이 이미지를 합성해 보세요.

▶준비파일 : section04/아기손.jpg, 장난감.jpg
▶완성파일 : section04/아기손_완성.psd

올가미 도구와 빠른 선택 도구 이용하기

올가미 도구는 원하는 부분을 자유롭게 드래그하여 선택할 수 있으며, 자석 올가미 도구는 이미지의 색상의 경계선을 따라 드래그하여 선택할 수 있습니다.

➤➤ 올가미 도구를 이용하여 자유롭에 원하는 부분을 선택할 수 있습니다.
➤➤ 자석 올가미 도구를 이용하여 이미지의 색상 경계선을 따라 영역을 선택할 수 있습니다.

배울 내용 미리보기

▲ 준비파일 : 화분.jpg / 완성파일 : 화분_완성.psd

▶ 준비파일 : 고양이.psd / 완성파일 : 고양이_완성.psd

1 [파일]–[열기]를 클릭하여 [열기] 대화상자에서 [sample₩section05₩화분.jpg] 파일을 불러옵니다. 도구 패널에서 ○(올가미 도구)를 선택한 다음 화분 주위를 드래그합니다.

2 선택 영역을 복사하기 위해 [편집]–[복사]를 클릭한 다음 [편집]–[붙여넣기]를 클릭하여 복사한 이미지를 붙여넣기합니다.

붙여넣기 : Ctrl + V

③ 도구 패널에서 ➕(이동 도구)를 선택한 다음 Shift 를 누른 상태로 마우스를 화분 왼쪽 방향으로 드래그하여 이동시킵니다.

④ 복사한 이미지의 크기를 조절하기 위해 [편집]-[자유 변형]을 클릭합니다. 복사된 화분 주위에 나타나 조절점을 마우스로 드래그하여 크기를 조절한 다음 Enter 를 누릅니다.

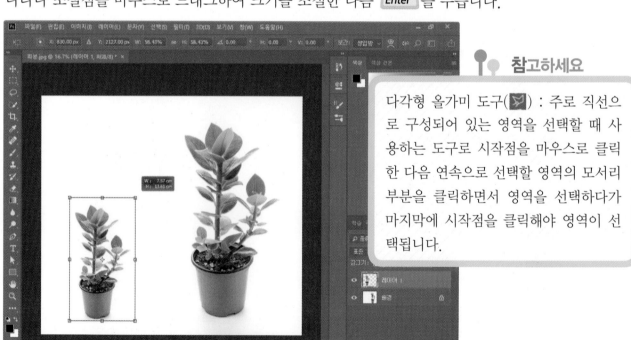

참고하세요

다각형 올가미 도구(🔲) : 주로 직선으로 구성되어 있는 영역을 선택할 때 사용하는 도구로 시작점을 마우스로 클릭한 다음 연속으로 선택할 영역의 모서리 부분을 클릭하면서 영역을 선택하다가 마지막에 시작점을 클릭해야 영역이 선택됩니다.

02 자석 올가미 도구로 이미지 선택하기

① [파일]-[열기]를 클릭하여 [열기] 대화상자에서 [sample\section05\사과.jpg] 파일을 불러옵니다. 도구 패널에서 ♀(올가미 도구)에서 마우스 오른쪽 단추를 클릭하여 ▷(자석 올가미 도구)를 선택합니다.

② 사과의 가장자리를 마우스로 클릭한 다음 굴곡이 심한 곳은 마우스로 클릭하면서 선택할 이미지의 외곽을 따라 마우스를 드래그하면서 영역을 설정합니다.

1 [파일]-[열기]를 클릭하여 [열기] 대화상자에서 [sample₩section05₩고양이.psd] 파일을 불러 온 다음 도구 패널에서 ▨(빠른 선택 도구)를 선택한 다음 옵션바에서 브러시 크기를 '10px'로 설정합니다.

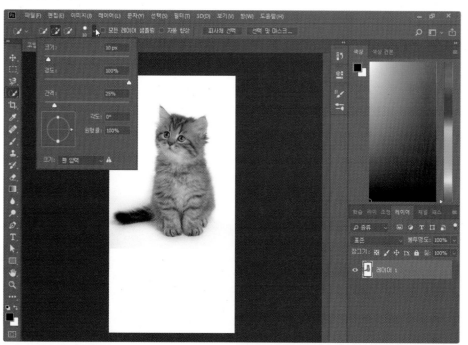

2 고양이 귀 부분을 클릭한 다음 마우스로 드래그하여 고양이를 선택합니다. Ctrl + C 를 눌러 복 사합니다.

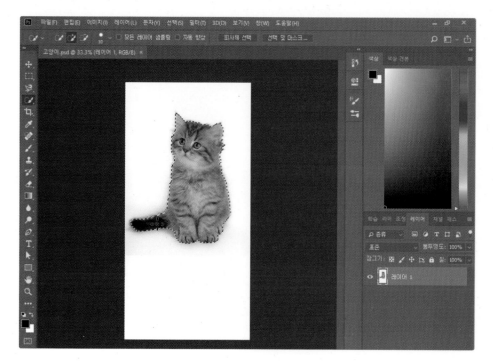

③ Ctrl + V 를 눌러 복사한 이미지를 붙여넣기합니다. ⊕(이동 도구)를 클릭한 다음 복사된 고양이 이미지를 아래쪽으로 드래그합니다.

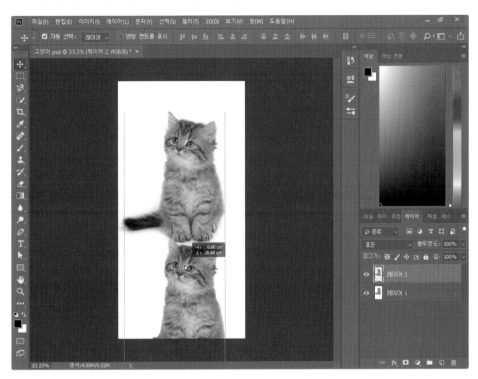

④ 복사된 이미지를 세로로 뒤집기 위해 [편집]-[변형]-[세로로 뒤집기]를 클릭한 다음 반사되는 효과를 설정하기 위해 [레이어] 패널에서 불투명도를 "30%"로 설정하여 완성합니다.

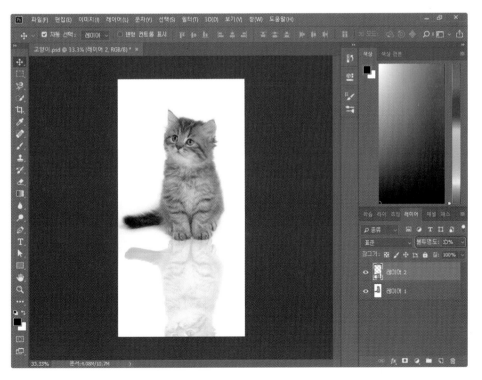

"혼자 풀어 보세요"

1 자석 올가미 도구를 이용하여 꽃을 선택해 보세요.

▶준비파일 : section05/꽃.jpg

2 준비파일을 불러와 올가미 도구를 이용하여 다음과 같이 이미지를 복사하고 크기를 조절해 보세요.

▶준비파일 : section05/병아리.jpg
▶완성파일 : section05/병아리_완성.psd

3 다음과 같이 자석 올가미 도구를 이용하여 이미지를 합성해 보세요.

▶준비파일 : section05/강아지.jpg, 토마토.jpg
▶완성파일 : section05/강아지_완성.psd

4 올가미 도구를 이용하여 다음과 같이 반사 효과 이미지를 만들어 보세요.

▶준비파일 : section05/물컵.jpg
▶완성파일 : section05/물컵_완성.psd

06 이미지 자르기와 변형하기

이미지에서 필요한 부분만 남기고 자를 수 있으며, 수평이 맞지 않은 이미지의 수평을 맞추거나 원근감 있게 이미지를 변형 시킬 수 있습니다.

➤➤ 자르기 도구로 이미지를 자를 수 있습니다.

➤➤ 왜곡 기능으로 이미지를 원근감 있게 표현할 수 있습니다.

배울 내용 미리보기 ➕

▲ 준비파일 : 가족.jpg / 완성파일 : 가족_완성.psd

▲ 준비파일 : 들판.jpg / 완성파일 : 들판_완성.psd

▲ 준비파일 : 도로.psd

▲ 완성파일 : 도로_완성.psd

01 이미지 자르기

1 [파일]-[열기]를 클릭하여 [열기] 대화상자에서 [sample₩section05₩가족.jpg] 파일을 불러옵니다. 도구 패널에서 ▣ (자르기 도구)를 선택합니다. 자르기 조절점을 드래그하여 원하는 만큼 크기를 설정합니다.

2 이미지를 아래로 약간 이동시켜 구도를 맞춘 다음 **Enter** 를 누릅니다.

1 [파일]-[열기]를 클릭하여 [열기] 대화상자에서 [sample₩section06₩들판.jpg] 파일을 불러옵니다. 도구 패널의 (스포이드 도구)에서 마우스 오른쪽 단추를 클릭하여 (눈금자 도구)를 선택합니다.

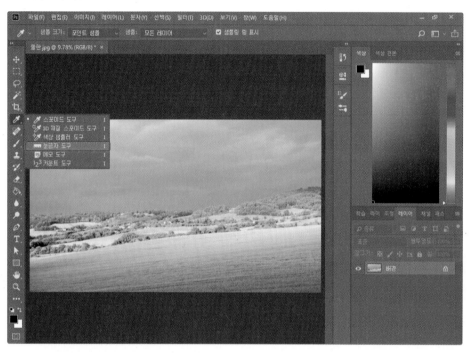

2 수평으로 맞출 기준점을 마우스로 드래그하여 각도를 측정한 다음 [이미지]-[이미지 회전]-[임의]를 클릭합니다.

③ [캔버스 회전] 대화상자에 측정한 각도가 입력되면 회전되는 방향을 '시계 방향'으로 선택한 다음 [확인]을 클릭합니다.

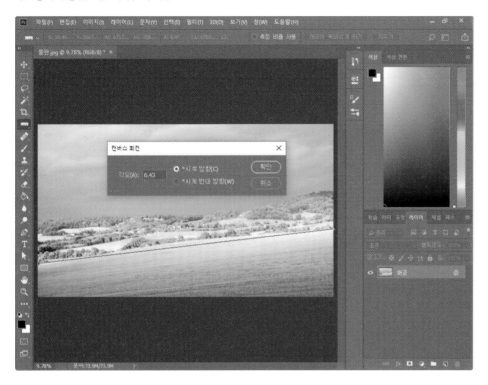

④ (자르기 도구)를 선택합니다. 자르기 조절점을 드래그하여 원하는 만큼 크기를 설정한 다음 Enter 를 눌러 완성합니다.

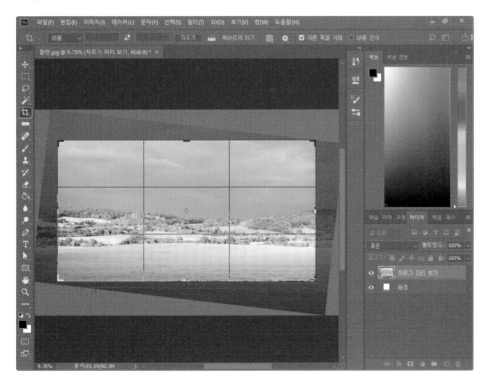

1 [파일]-[열기]를 클릭하여 [열기] 대화상자에서 [sample₩section06₩도로.psd] 파일을 불러옵니다. [레이어] 패널에서 레이어 1을 선택한 다음 글자를 왜곡시키기 위해 [편집]-[변형]-[왜곡]을 클릭합니다.

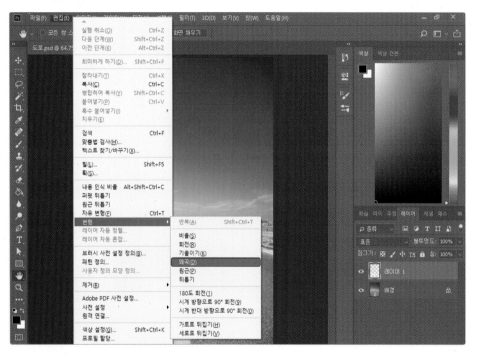

2 글자 주위에 조절점이 나타나면 왼쪽 위 조절점을 오른쪽으로, 오른쪽 위 조절점을 왼쪽으로 드래그하여 모양을 변형시킵니다.

3 위쪽 가운데 조절점을 아래로 드래그하여 다음과 같이 텍스트 이미지를 원근감 있게 조절한 다음 Enter 를 누릅니다.

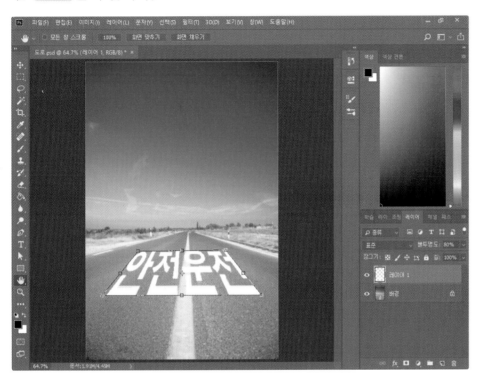

4 텍스트를 좀더 자연스럽게 표현하기 위해 [레이어] 패널에서 불투명도를 "80%"로 설정합니다.

"혼자 풀어 보세요"

1 준비파일을 불러와 다음과 같이 이미지를 잘라보세요.

▶준비파일 : section06/전통.jpg

▶완성파일 : section06/전통_완성.psd

2 준비파일을 불러와 이미지가 수평이 되도록 편집해 보세요.

▶준비파일 : section06/빵.jpg

▶완성파일 : section06/빵_완성.psd

3 준비파일을 불러와 다음과 같이 '멈춤' 표시를 해보세요.

▶준비파일 : section06/횡단보도.psd
▶완성파일 : section06/횡단보도_완성.psd

4 준비파일을 이용하여 이미지를 합성해 보세요.

힌트

[레이어] 패널에서 복사한 '여행 사진'의 레이어를 '액자' 레이어 아래로 드래그합니다.

▶준비파일 : section06/여행.jpg, 액자.psd
▶완성파일 : section06/액자_완성.psd

07 칠하기와 그레이디언트 활용하기

이미지의 특정 부분을 선택하여 다른 색으로 변경할 수 있으며, 그레이디언트로 무지개나 오로라를 만들 수 있습니다.

➤➤ 페인트 통 도구를 이용하여 원하는 색으로 칠할 수 있습니다.
➤➤ 칠 기능을 이용하여 이미지의 일부분을 자연스럽게 삭제할 수 있습니다.

배울 내용 미리보기 ➕

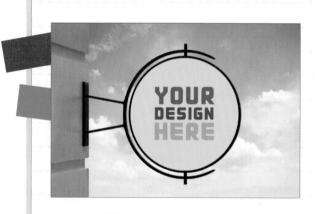

▲ 준비파일 : 광고.jpg
▲ 완성파일 : 광고_완성.psd

▲ 준비파일 : 밤하늘.jpg
▲ 완성파일 : 밤하늘_완성.psd

◀ 준비파일 : 정원.jpg
◀ 완성파일 : 정원_완성.psd

01 페인트 통으로 칠하기

1 [파일]-[열기]를 클릭하여 [열기] 대화상자에서 [sample₩section07₩광고.jpg] 파일을 불러옵
니다. 도구 패널의 그레이디언트 도구에서 마우스 오른쪽 단추를 눌러 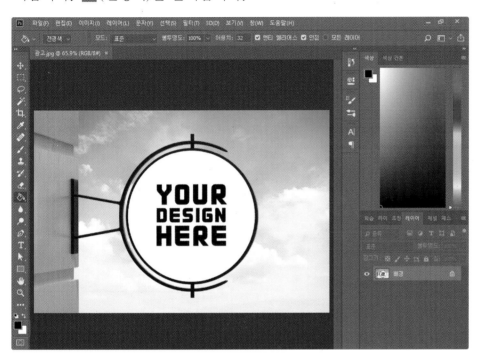(페인트 통 도구)를 선
택합니다. ■(전경색)을 클릭합니다.

2 [색상 피커(전경색)] 대화상자에서 원하는 색을 선택한 다음 [확인]을 클릭합니다.

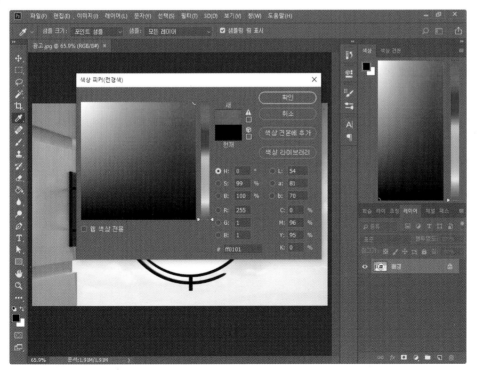

③ 색을 변경할 부분을 클릭하여 다음과 같이 검은색 글씨 부분의 색을 변경합니다.

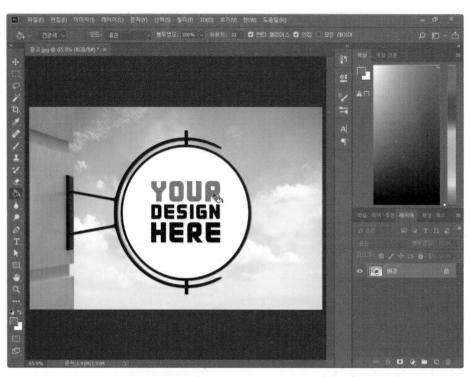

④ 같은 방법으로 글씨의 색과 흰색 배경을 원하는 색으로 변경합니다.

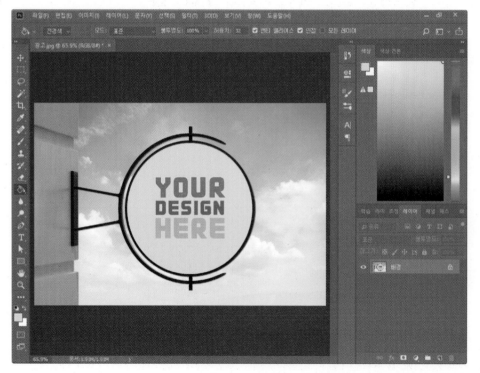

02 그레이디언트로 오로라 만들기

1 [파일]-[열기]를 클릭하여 [열기] 대화상자에서 [sample\section07\밤하늘.jpg] 파일을 불러옵니다. 도구 패널에서 를 선택한 다음 다음과 같이 하늘 부분을 드래그하여 영역을 설정합니다.

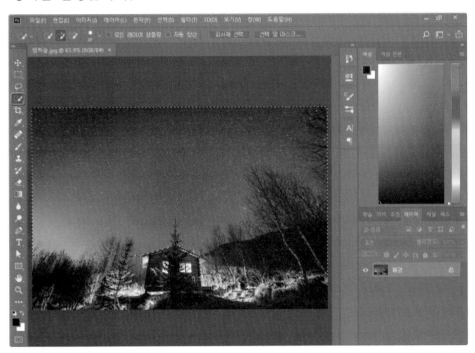

2 Alt 를 누른 상태로 드래그하여 다음과 같이 나무 부분의 영역을 해제합니다. 도구 패널에서 를 선택한 다음 옵션바에서 그레이디언트 편집을 클릭합니다.

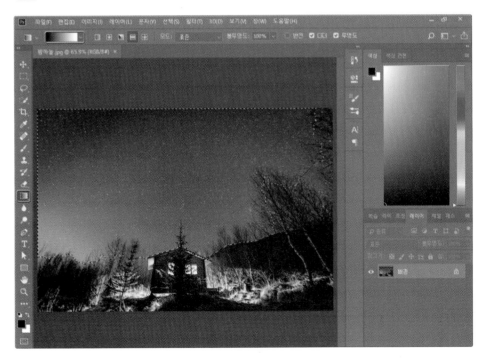

③ [그레이디언트 편집기] 대화상자에서 '중간 농도' 그레이디언트를 선택한 다음 왼쪽 색상 정지점을 더블클릭합니다.

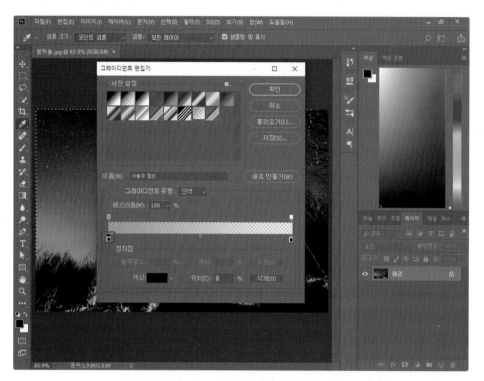

④ [색상 피커(정지 색상)] 대화상자에서 'R:1, G:60, B:90'으로 설정하고 [확인]을 클릭합니다.

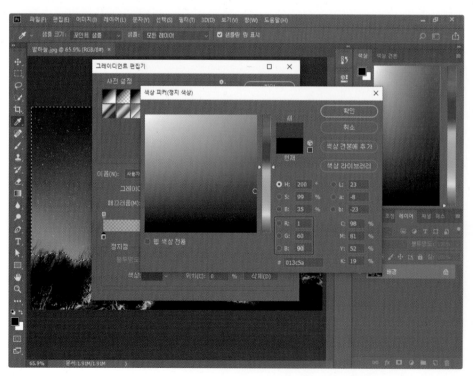

⑤ 정지점을 추가하기 위해 그레이디언트 색상 중간 부분을 더블클릭하여 중간 정지점을 추가한 다음 더블클릭합니다. [색상 피커(정지 색상)] 대화상자에서 'R:20, G:255, B:140'으로 설정하고 [확인]을 클릭합니다.

⑥ 같은 방법으로 마지막 정지점을 더블클릭하여 [색상 피커(정지 색상)] 대화상자에서 'R:2, G:37, B:69'로 설정하고 [확인]을 클릭합니다.

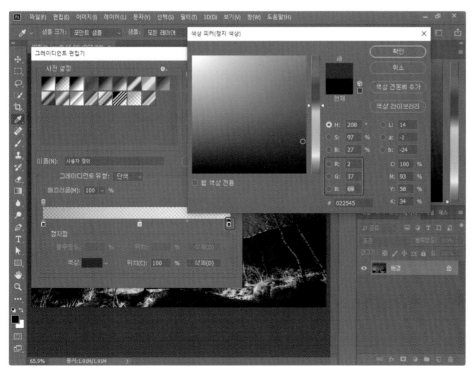

7 [그레이디언트 편집기] 대화상자에서 [확인]을 클릭합니다.

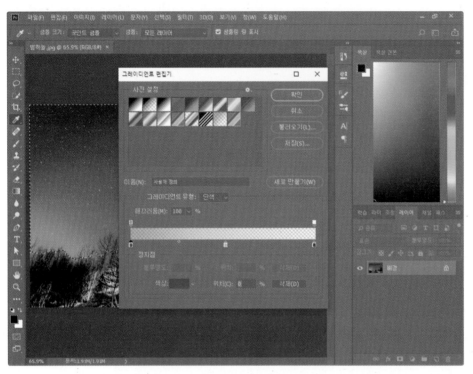

8 다음과 같이 대각선 방향으로 드래그하여 완성합니다.

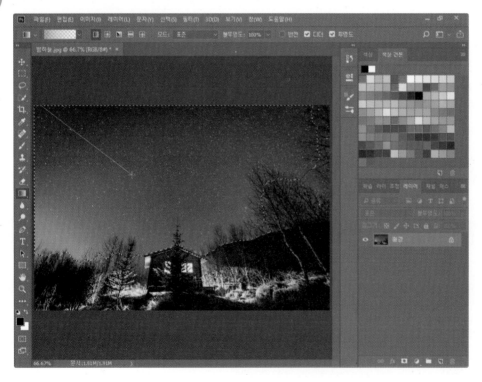

03 칠 기능을 활용하기

1 [파일]-[열기]를 클릭하여 [열기] 대화상자에서 [sample₩section07₩정원.jpg] 파일을 불러옵니다. 도구 패널에서 ○(올가미 도구)를 선택한 다음 바구니 부분을 드래그하여 영역을 설정한 다음 [편집]-[칠]을 클릭합니다.

2 [칠] 대화상자에서 내용을 '내용 인식'으로 설정한 다음 [확인]을 클릭하면 바구니 부분이 이미지에서 자연스럽게 삭제되는 것을 확인할 수 있습니다.

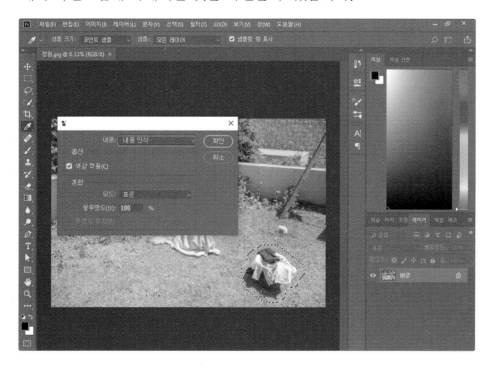

"혼자 풀어 보세요"

1 준비파일을 불러와 페이트 통 도구를 이용하여 색을 칠해 보세요.

▲준비파일 : section07/쿠폰.jpg

▶완성파일 : section07/쿠폰_완성.psd

2 칠 기능을 이용하여 다음과 같이 이미지를 편집해 보세요.

◀준비파일 : section07/불가사리.jpg

▶완성파일 : section07/불가사리_완성.psd

3 준비파일을 불러와 다양한 색으로 고양이를 칠해보세요.

▲준비파일 : section07/고양이.psd   ▲완성파일 : section07/고양이_완성.psd

4 다음과 같이 '여름바다.jpg' 파일을 불러와 무지개를 만들어 보세요.

◀준비파일 : section07/여름바다.jpg

▶완성파일 : section07/여름바다_완성.psd

08 이미지 지우기와 복제하기

이미지에서 불필요한 배경을 삭제하여 자연스럽게 합성할 수 있을 뿐만 아니라 특정 부분을 복제하여 이미지를 편집할 수 있습니다.

→→ 이미지의 배경을 삭제할 수 있습니다.
→→ 도장 도구를 이용하여 이미지를 복제할 수 있습니다.

 배울 내용 미리보기 ⊕

▲ 준비파일 : 물놀이.jpg, 해변.jpg

▲ 완성파일 : 해변_완성.psd

▲ 준비파일 : 꽃가루.jpg

▲ 완성파일 : 꽃가루_완성.psd

01 이미지 지우기

1 [파일]-[열기]를 클릭하여 [열기] 대화상자에서 [sample₩section08₩물놀이.jpg]와 [해변.jpg]를 파일을 불러옵니다. '물놀이.jpg' 문서 탭에서 `Ctrl` + `A` 를 눌러 모두 선택한 다음 `Ctrl` + `C`를 눌러 복사합니다.

2 '해변.jpg' 문서 탭에서 `Ctrl` + `V` 를 눌러 붙여넣기한 다음 ➤(자동 선택 도구)를 선택한 다음 옵션바에서 허용치를 '5'로 설정하고 `Shift` 를 누른 상태로 클릭하여 배경을 선택합니다.

참고하세요

도구 패널에서 ✏ (빠른 선택 도구)에서 마우스 오른쪽 단추를 클릭하여 자동 선택 도구를 선택할 수 있습니다.

67

3 [선택]-[수정]-[확대]를 클릭한 다음 [선택 영역 확대] 대화상자에서 확대량을 '5' 픽셀로 설정한 다음 [확인]을 클릭합니다.

4 도구 패널에서 를 선택한 다음 옵션바에서 브러시 크기를 '300px'로 설정합니다. 마우스로 선택된 흰색 배경을 드래그하면 선택 영역이 지워집니다.

5 **Ctrl** + **D** 를 눌러 선택을 해제합니다. 이미지의 크기를 조절하기 위해 [편집]-[자유 변형]을 클릭합니다.

6 이미지의 크기와 위치를 조절한 다음 **Enter** 를 눌러 다음과 같이 완성합니다.

02 도장 도구로 복제하기

1 [파일]-[열기]를 클릭하여 [열기] 대화상자에서 [sample₩section08₩꽃가루.jpg]를 불러옵니다. 도구 패널에서 를 선택한 다음 옵션바에서 브러시 크기를 '150px'로 설정합니다.

2 Alt 를 누른 상태로 복제할 파란색 배경을 클릭합니다.

③ 마우스 포인터를 이미지가 복제될 위치로 이동시킨 다음 드래그하면 파란색 이미지가 복제되면서 꽃가루가 지워지는 것을 확인할 수 있습니다.

참고하세요

도장 도구 옵션

❶ 브러시 사전 설정 피커 : 브러시 크기와 모양을 설정할 수 있습니다.

❷ 브러시 패널 켜기/끄기 : 브러시 패널 창을 표시하거나 숨깁니다.

❸ 복제 원본 패널 켜기/끄기 : 복제 원본 패널 창을 표시하거나 숨깁니다.

❹ 모드 : 도장 도구의 블렌딩 모드를 설정할 수 있습니다.

❺ 불투명도 : 도장 도구의 불투명도를 설정할 수 있습니다.

❻ 타블렛 불투명도 : 타블렛을 사용할 경우 펜의 압력에 따라 칠해지는 색깔의 불투명도를 적용합니다.

❼ 흐름 : 복제되는 이미지의 투명도를 조절합니다.

❽ 에어브러시 모드 : 에어브러시가 활성화되어 마우스 왼쪽 버튼을 누르고 있는 동안 계속 덧칠이 됩니다.

❾ 정렬 : [Alt] 를 눌러 선택한 부분과 복제되는 부분의 위치를 일정한 간격으로 유지시킵니다. 정렬에 체크 표시하면 이미지를 복제하다 중단했다가 다시 복제하더라도 계속 이어서 복제가 되지만 체크 표시를 해제하면 처음 클릭한 위치부터 복제가 됩니다.

❿ 샘플 : 레이어로 구분된 이미지에서 레이어의 구분 없이 전체 화면에 보이는 대로 복제합니다.
   - 현재 레이어 : 현재 작업 레이어에서 이미지를 복제합니다.
   - 현재 이하 : 현재 작업 레이어 아래에 있는 레이어에서 이미지를 복제합니다.
   - 모든 레이어 : 전체 레이어에서 이미지를 복제합니다.

"혼자 풀어 보세요"

1 준비파일을 불러와 다음과 같이 합성해 보세요.

▶준비파일 : section08/수박.jpg, 펭귄.jpg
▶완성파일 : section08/수박_완성.psd

2 준비파일을 불러와 다음과 같이 복제 도장 도구를 이용하여 불가사리 이미지를 지워보세요.

▶준비파일 : section08/자갈.jpg
▶완성파일 : section08/자갈_완성.psd

3 준비파일을 불러와 복제 도장 도구를 이용하여 꽃잎을 복제해 보세요.

▶ 준비파일 : section08/꽃.jpg
▶ 완성파일 : section08/꽃_완성.psd

4 준비파일을 불러와 다음과 같이 합성해 보세요.

▲ 준비파일 : section08/궁.jpg, 가족.jpg, ▲ 완성파일 : section08/궁_완성.psd

펜 도구로 그림 그리기

펜 도구를 이용하여 백터 이미지를 그릴 수 있을 뿐만 아니라 이미지의 특정 부분을 선택영역으로 설정하여 다른 이미지와 합성할 수 있습니다.

▶▶ 펜 도구을 이용하여 커피잔 그림을 그릴 수 있습니다.
▶▶ 이미지의 특정 영역을 선택 영역으로 설정할 수 있습니다.

배울 내용 미리보기 ➕

▲ 파일명 : 커피_완성.psd

▲ 파일명 : 꽃_완성.psd

01 펜 도구로 커피잔 그리기

1 [파일]-[열기]를 클릭하여 [열기] 대화상자에서 [sample₩section09₩커피.psd] 파일을 불러온 다음 도구 패널에서 🔍(돋보기 도구)를 클릭하여 이미지를 확대한 다음 🖊(펜 도구)를 클릭합니다.

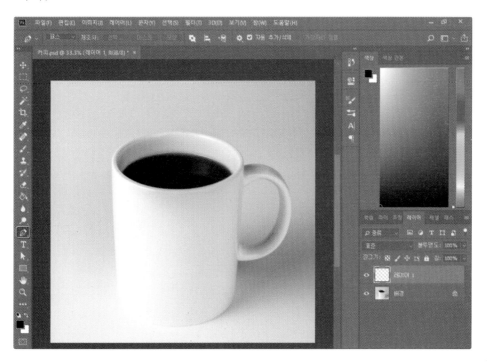

2 커피 잔의 패스 시작점을 클릭한 다음 중간 지점을 클릭한 상태에서 드래그하여 자연스러운 곡선을 만듭니다.

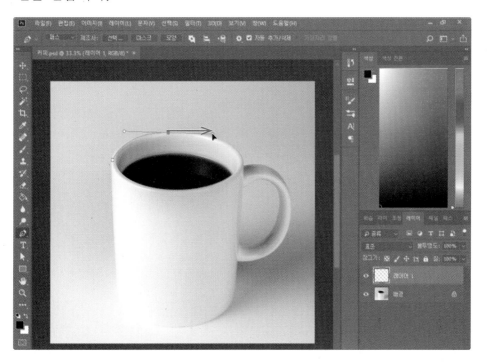

③ 다시 중간점을 클릭한 다음 드래그합니다.

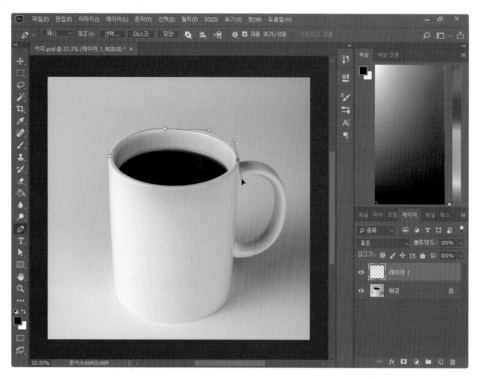

④ 위와 같은 방법으로 곡선을 연결한 다음 시작점을 클릭하여 커피 잔의 위쪽 부분의 패스를 그립
니다.

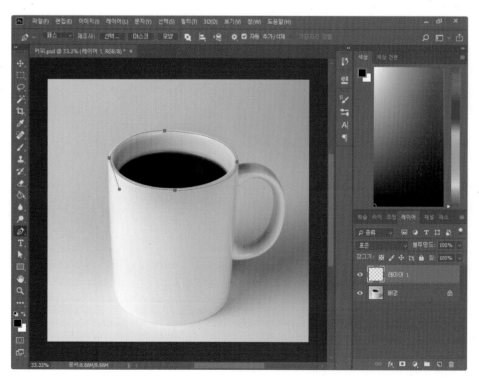

5 패스를 조절하기 위해 도구 패널에서 ▶(직접 선택 도구)를 클릭한 다음 패스를 드래그하거나 기준점을 이동시켜 패스를 세밀하게 조절합니다.

6 ✐(펜 도구)를 이용해 커피 잔의 아랫부분을 그리기 위해 시작점을 클릭하고 중간 지점을 클릭한 상태로 드래그 하는 방법으로 그림과 같이 패스를 만듭니다.

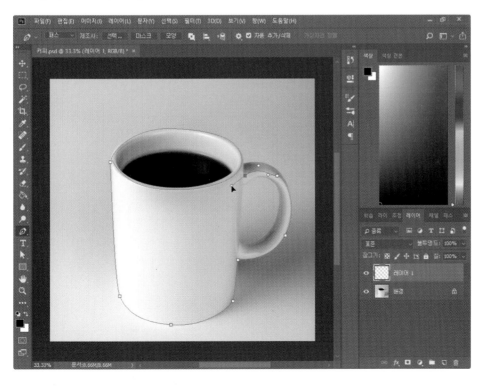

⑦ 곡선의 각도를 조절하기 위해 [Alt]를 누른 상태로 방향선이 있는 앵커 포인터를 클릭하여 방향선을 삭제합니다.

⑧ 위와 같이 커피 잔의 테두리의 패스를 모두 그리고 브러시 도구의 옵션 바에서 브러시 크기를 5px로 설정한 다음 전경색 피커를 클릭하여 원하는 색을 선택합니다.

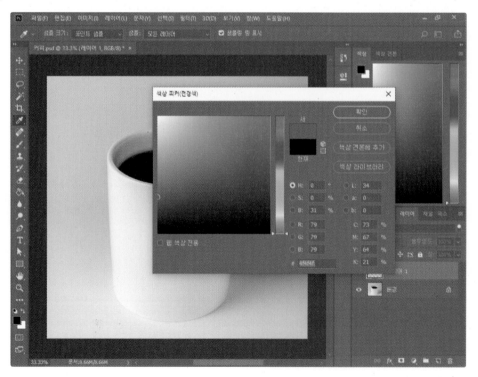

⑨ [패스] 패널 빈 공간을 클릭하여 패스를 감춘 다음 다시 '작업 패스'에서 마우스 오른쪽 단추를
클릭하여 바로가기 메뉴가 나타나면 [패스 획]을 선택합니다.

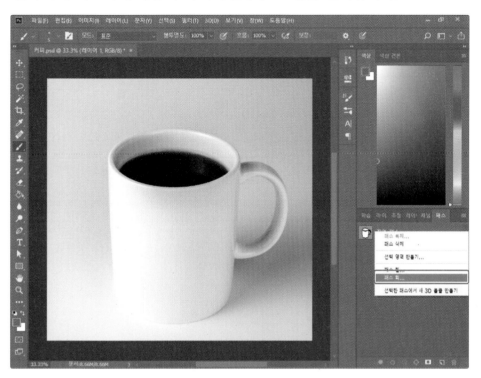

⑩ [패스 획] 대화상자에서 도구 목록 단추를 클릭하여 '브러시'를 선택한 다음 [확인]을 클릭합니다.

11 [레이어] 패널에서 배경 레이어 앞에 눈 아이콘을 클릭하여 그림을 감춘 다음 전경색을 '흰색'으로 변경합니다.

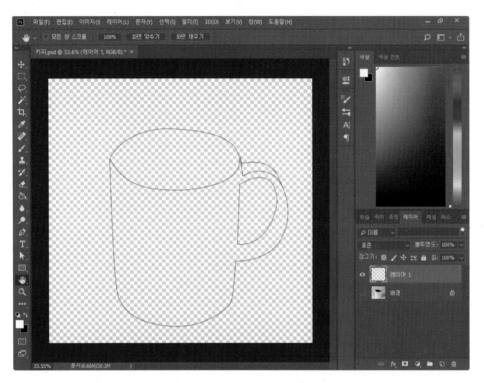

12 도구 패널에서 🪣(페인트 통 도구)를 선택한 다음 커피잔 영역을 클릭하여 색을 채웁니다.

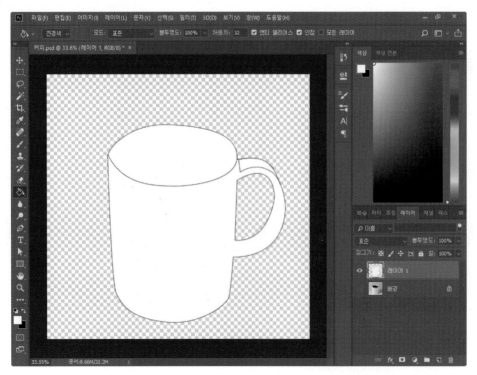

참고하세요

펜 도구 알아보기

```
① 🖊 펜 도구              P
② 🖊 자유 형태 펜 도구    P
③ 🖊 기준점 추가 도구
④ 🖊 기준점 삭제 도구
⑤ ⌐ 기준점 변환 도구
```

❶ 펜 도구 : 클릭하여 기준점과 패스를 만들어 원하는 모양으로 그림을 그릴 수 있습니다.

❷ 자유 형태 펜 도구 : 연필로 그림을 그리는 것처럼 패스를 그릴 수 있습니다.

❸ 기준점 추가 도구 : 그려진 패스에 기준점을 추가합니다.

❹ 기준점 삭제 도구 : 그려진 패스의 기준점을 삭제합니다.

❺ 기준점 변환 도구 : 기준점의 속성을 변경하여 곡선 패스를 직선으로, 직선 패스를 곡선으로 수정할 수 있습니다.

　　– 현재 이하 : 현재 작업 레이어 아래에 있는 레이어에서 이미지를 복제합니다.

　　– 모든 레이어 : 전체 레이어에서 이미지를 복제합니다.

직선 그리기

시작점을 클릭한 다음 중간 지점을 클릭하면 직선 패스가 만들어지며, 마지막에 처음 시작한 시작점을 클릭하면 닫힌 도형이 만들어 집니다.

Shift 를 누른 상태로 클릭하면 수직 또는 수평으로 패스가 만들어집니다.

곡선 그리기

시작점을 클릭한 다음 중간 지점에서 클릭한 상태에서 드래그하여 나타나는 방향선을 적당한 길이로 드래그하여 곡선을 그릴 수 있습니다.

방향점 : 방향선의 각도와 길이를 조절하는 점

기준점 : 패스의 시작과 끝, 연결하는 점

방향선 : 곡선의 곡률을 지정하는 선 방향점에 의해서 변경됨

02 패스를 이용하여 선 그리기

1 [파일]-[열기]를 클릭하여 [열기] 대화상자에서 [sample₩section09₩아이.jpg]와 [꽃.jpg] 파일을 불러옵니다. 아이.jpg 이미지 창에서 🔍(돋보기 도구)로 이미지를 확대한 다음 ✏️(펜 도구)를 클릭합니다.

2 시작점을 클릭한 다음 다음 지점을 클릭한 다음 드래그하여 자연스러운 곡선을 만듭니다.

3 기준 점을 바꾸기 위해 [Alt]를 누른 상태로 기준점을 클릭하여 진행 방향의 방향선과 방향점을 삭제합니다.

4 위와 같은 방법으로 아이를 따라 패스를 완성합니다.

5 패스를 정밀하게 수정하기 위해 🔍(돋보기 도구)를 클릭하여 화면을 확대한 다음 🔺(직접 선택 도구)를 클릭합니다.

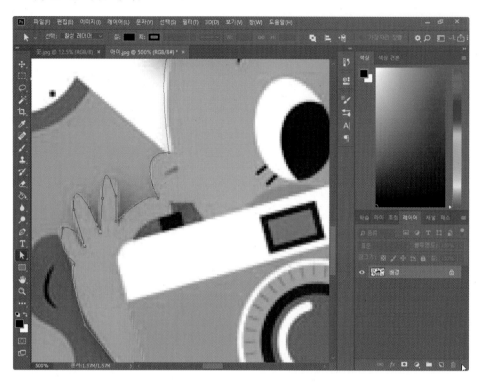

6 기준점을 드래그하여 패스를 이미지의 경계선과 일치하도록 수정합니다.

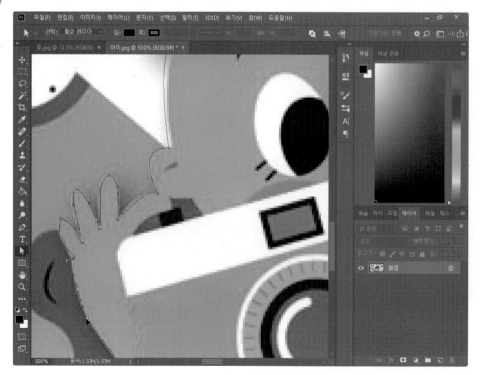

7 (손 도구)를 더블클릭하여 이미지를 화면 크기로 축소합니다. [패스] 패널에서 █를 클릭하여 패스를 선택 영역으로 지정한 다음 Ctrl + C 를 눌러 선택 영역의 이미지를 복사합니다.

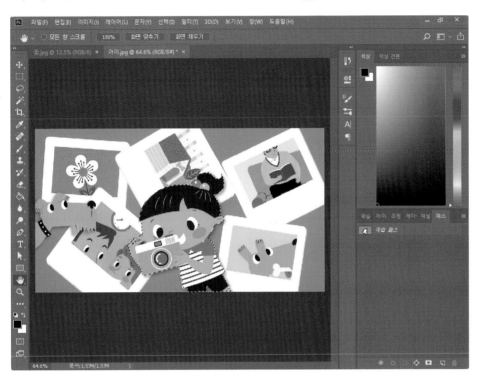

8 꽃 이미지 창에서 Ctrl + V 를 눌러 복사한 이미지를 붙여넣기합니다. [편집]-[자유 변형]을 클릭한 다음 이미지 크기와 위치를 조절한 다음 Enter 를 눌러 완성합니다.

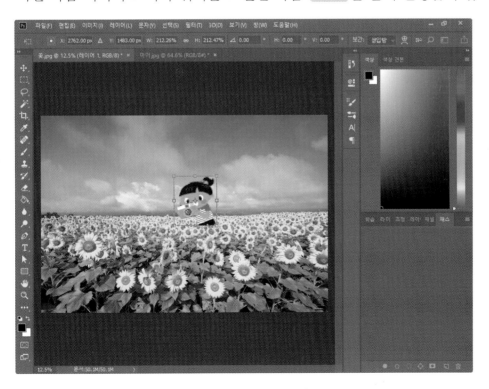

"혼자 풀어 보세요"

1 패스 도구를 이용하여 하트를 만들어 보세요.

▶완성파일 : section09/하트_완성.psd

2 준비파일을 불러와 펜 도구를 이용하여 깨진 글자를 만들어 보세요.

▶준비파일 : section09/텍스트.psd
▶완성파일 : section09/텍스트_완성.psd

힌트
글씨 부분을 펜툴로 자유롭게 선택한 후 패스 영역을 설정한 다음 *Delete* 를 눌러 선택 영역을 삭제합니다.

3 준비파일을 불러와 펜 도구를 이용하여 그림을 그려보세요.

▶준비파일 : section09/은행잎.jpg
▶완성파일 : section09/은행잎_완성.psd

4 준비파일을 불러와 다음과 같이 은행잎과 합성해 보세요.

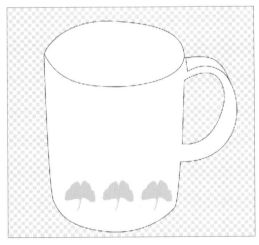

▶준비파일 : section09/커피2.psd, 은행잎.jpg
▶완성파일 : section09/커피2_완성.psd

잡티와 적목 현상 제거하기

스팟 복구 도구는 얼룩이나 흠집, 얼굴에 있는 점을 쉽게 제거할 수 있으며,
눈동자가 빨갛게 촬영된 사진을 적목 현상 제거로 보정할 수 있습니다.

➤➤ 스팟 복구 도구로 얼굴의 잡티를 제거할 수 있습니다.
➤➤ 적목 현상 제거로 빨간 눈동자를 보정할 수 있습니다.

배울 내용 미리보기 ✚

▲ 파일명 : 잡티_완성.psd

01 스팟 복구 브러시와 패치 도구 활용하기

1 [파일]-[열기]를 클릭하여 [열기] 대화상자에서 [sampleＷsection10Ｗ잡티.jpg] 파일을 불러옵니다. 스팟 복구 브러시로 잡티를 제거하기 위해 도구 패널에서 ▨ (스팟 복구 브러시 도구)를 선택한 다음 옵션바에서 브러시 크기는 '20px'로 설정합니다.

2 오른쪽 볼의 점 부분을 마우스로 클릭하면 얼굴에서 점이 제거되는 것을 확인할 수 있습니다.

③ 이번에는 잡티를 제거하기 위해 도구 패널의 ▦(스팟 복구 브러시 도구)에 숨겨져 있는 ▦(패치 도구)를 선택합니다. 왼쪽 눈 아래 있는 점 부분을 마우스로 드래그하여 영역을 선택합니다.

④ 설정된 영역 부분을 오른쪽으로 드래그하면 다음과 같이 점이 삭제됩니다.

02 적목 현상 도구로 눈동자 보정하기

① 빨간 눈동자를 보정하기 위해 도구 패널의 ▣(패치 도구)에서 마우스 오른쪽 단추를 클릭하여 ﹢ⓞ(적목 현상 도구)를 클릭합니다. 옵션바에서 눈동자 크기는 '60%', 어둡게 할 양은 '40%'로 설정합니다.

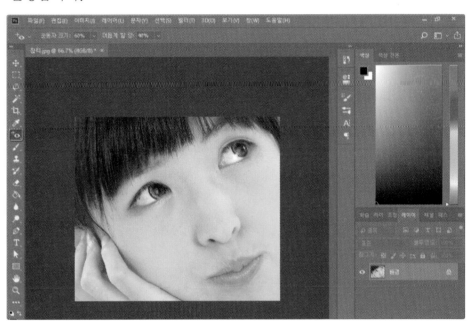

② 눈동자의 빨간 부분을 클릭하면 적목 현상으로 빨간 눈동자가 검정으로 변한 것을 확인할 수 있습니다.

"혼자 풀어 보세요"

1 준비파일을 불러와 패치 도구를 이용하여 잡티를 제거해 보세요.

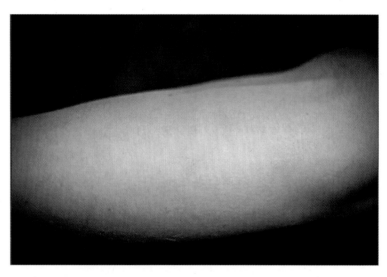

▶준비파일 : section10/팔.jpg
▶완성파일 : section10/팔_완성.jpg

2 준비파일을 불러와 찢어진 부분을 다음과 같이 보정해 보세요.

▶준비파일 : section10/청바지.jpg
▶완성파일 : section10/청바지_완성.jpg

3 준비파일을 불러와 점과 눈가의 주름을 없애보세요.

▶준비파일 : section10/친구.jpg

▶완성파일 : section10/친구_완성.jpg

4 준비파일을 불러와 점과 눈동자에 나타난 적목현상을 없애보세요.

▶준비파일 : section10/사람.jpg

▶완성파일 : section10/사람_완성.jpg

11 이미지 밝기와 채도 조절하기

닷지 도구는 이미지의 어두운 부분을 밝게 변경하며, 번 도구는 밝은 부분을 어둡게 할 수 있습니다. 스펀지 도구를 이용하면 이미지의 채도를 증가 또는 감소시킬 수 있습니다.

➤➤ 닷지 도구로 어두운 이미지를 밝게 보정하는 방법에 대해 알 수 있습니다.

➤➤ 밝은 이미지를 번 도구로 어둡게 보정할 수 있습니다.

➤➤ 번 도구를 이용하여 이미지의 채도를 증가 또는 감소시킬 수 있습니다.

배울 내용 미리보기

▲ 완성파일 : 장식_완성.psd

▲ 완성파일 : 선인장_완성.psd

◀ 완성파일 : 장미_완성.psd

01 닷지 도구로 이미지 밝게 하기

1 [파일]-[열기]를 클릭하여 [열기] 대화상자에서 [sampleＷsection11Ｗ장식.jpg] 파일을 불러옵니다. 도구 패널에서 를 선택한 다음 옵션바에서 브러시 크기는 '60px, 선명한 원', 노출 값은 '50%'로 설정합니다.

2 사진을 마우스로 드래그하면 어두운 사진이 밝게 보정되는 것을 확인할 수 있습니다.

① [파일]-[열기]를 클릭하여 [열기] 대화상자에서 [sample₩section11₩선인장.jpg] 파일을 불러옵니다. 닷지 도구에서 마우스 오른쪽 단추를 클릭하여 (번 도구)를 선택합니다. 옵션바에서 브러시 크기는 '60px, 선명한 원', 노출 값은 '60%'로 설정합니다.

② 사진을 마우스로 드래그하면 사진의 밝기가 어둡게 보정된 것을 확인할 수 있습니다.

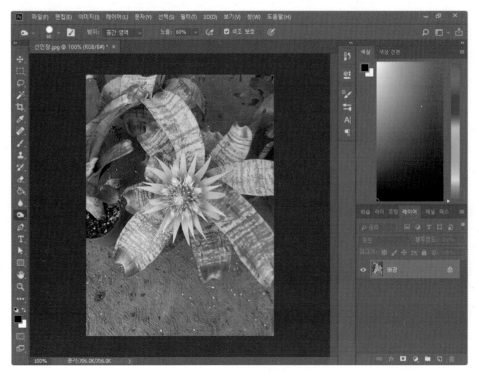

03 스펀지 도구로 채도 조절하기

1 [파일]-[열기]를 클릭하여 [열기] 대화상자에서 [sample₩section11₩장미.jpg] 파일을 불러옵니다. ◢(빠른 선택 도구)를 선택한 다음 장미 꽃 부분을 드래그하여 영역을 선택합니다.

2 번 도구에서 마우스 오른쪽 단추를 클릭하여 ◉(스펀지 도구)를 선택합니다. 옵션바에서 브러시 크기는 '400px, 선명한 원', 모드는 '채도 증가'로 설정한 다음 마우스로 선택 영역을 드래그하여 채도를 증가시킵니다.

"혼자 풀어 보세요"

1 준비파일을 불러와 닷지 도구를 이용하여 사진의 밝기를 조절해 보세요.

▶준비파일 : section11/도시. psd
▶완성파일 : section11/도시_완성.psd

2 준비파일을 불러와 번 도구를 이용하여 사진의 밝기를 어둡게 보정해 보세요.

▶준비파일 : section11/도시풍경.psd
▶완성파일 : section11/도시풍경_완성.psd

3 준비파일을 불러와 스펀지 도구를 이용하여 채도를 감소시켜보세요.

▶준비파일 : section11/창문.psd
▶완성파일 : section11/창문_완성.psd

4 준비파일을 불러와 스펀지 도구를 이용하여 다음과 같이 보정해 보세요.

힌트
스펀지 도구를 선택한 다음 옵션바에서
모드를 '채도 감소'로 설정한다.

▶준비파일 : section11/바람개비.psd
▶완성파일 : section11/바람개비_완성.psd

12 조정 모드로 이미지 보정하기

이미지에 빛이 많게 또는 부족하게 찍힌 사진의 노출 값을 조절할 수 있으며, 레벨과 곡선으로 미세하게 이미지의 밝기를 보정할 수 있습니다.

➡➡ 사진의 노출 값을 −20~20까지 설정하여 너무 밝거나 어두운 사진을 보정할 수 있습니다.

➡➡ 레벨 기능으로 이미지의 밝기와 선명도를 조절할 수 있습니다.

➡➡ 곡선 기능을 이용하여 좀 더 세밀하게 이미지의 밝기와 선명도를 조절할 수 있습니다.

배울 내용 미리보기

▲ 완성파일 : 설산_완성.psd

▲ 완성파일 : 호수_완성.psd

▲ 완성파일 : 구름산_완성.psd

01 노출로 선명한 이미지 만들기

1 [파일]-[열기]를 클릭하여 [열기] 대화상자에서 [sample₩section12₩설산.jpg] 파일을 불러온 다음 [이미지]-[조정]-[노출]을 클릭합니다.

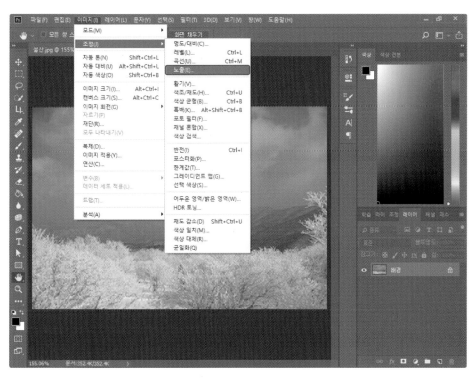

2 [노출] 대화상자에서 노출 '0.84', 오프셋 '-0.09', 감마 교정 ' 0.81'로 설정한 다음 [확인]을 클릭합니다.

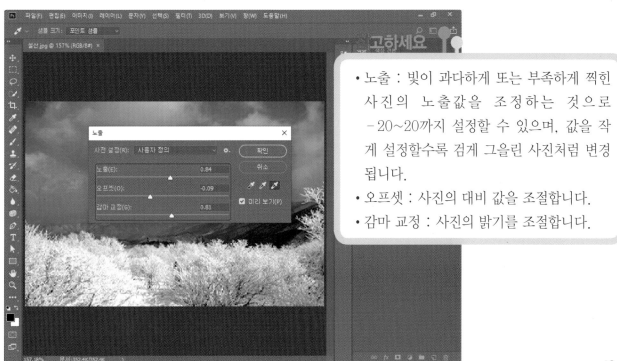

• 노출 : 빛이 과다하게 또는 부족하게 찍힌 사진의 노출값을 조정하는 것으로 -20~20까지 설정할 수 있으며, 값을 작게 설정할수록 검게 그을린 사진처럼 변경됩니다.
• 오프셋 : 사진의 대비 값을 조절합니다.
• 감마 교정 : 사진의 밝기를 조절합니다.

02 레벨로 이미지 보정하기

1 [파일]-[열기]를 클릭하여 [열기] 대화상자에서 [sampleＷsection12Ｗ호수.jpg] 파일을 불러온 다음 [이미지]-[조정]-[레벨]을 클릭합니다.

2 [레벨] 대화상자에서 어두운 톤과 중간 톤의 조절점을 오른쪽으로 드래그하여 그림과 같이 설정한 다음 [확인]을 클릭하면 이미지의 색상을 밝게 조절할 수 있습니다.

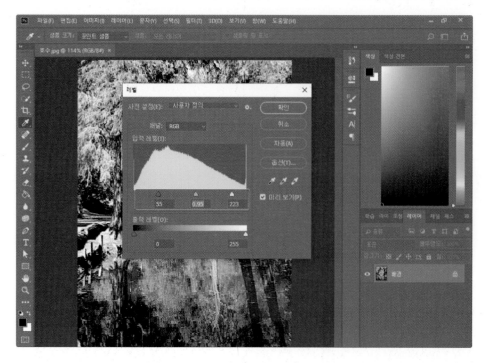

03 곡선으로 흐린 이미지 선명하게 만들기

① [파일]-[열기]를 클릭하여 [열기] 대화상자에서 [sample₩section12₩구름산.jpg] 파일을 불러온 다음 [이미지]-[조정]-[곡선]을 클릭합니다.

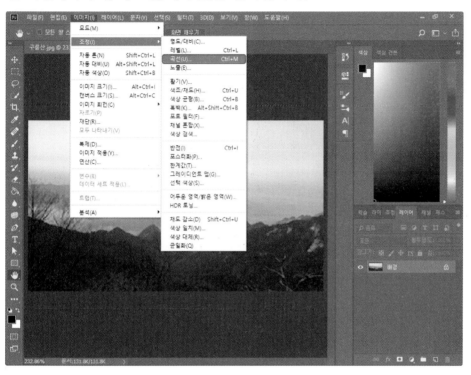

② [곡선] 대화상자에서 그래프 선을 마우스로 드래그하여 S자 형태로 조절하면 이미지의 색상이 밝은 곳은 더 밝게 어두운 곳은 더 어둡게 조정되어 이미지 색상이 선명하게 보정됩니다.

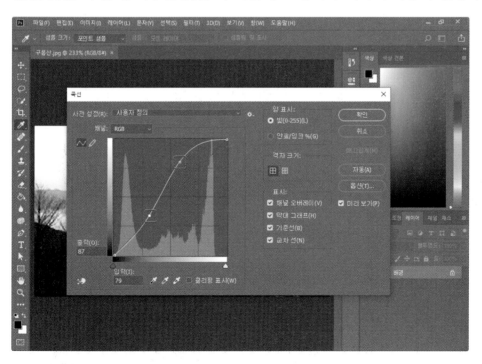

"혼자 풀어 보세요"

1 준비파일을 불러와 노출 값을 조절하여 흐린 사진을 선명한 사진으로 보정해 보세요.

▶ 준비파일 : section12/시골.jpg
▶ 완성파일 : section12/시골_완성.psd

2 준비파일을 불러와 레벨 기능을 이용하여 어두운 사진의 밝기를 조절해 보세요.

▶ 준비파일 : section12/케익.jpg
▶ 완성파일 : section12/케익_완성.psd

3 준비파일을 불러와 곡선 기능을 포도가 선명하게 보이도록 조절해 보세요.

▶준비파일 : section12/포도.jpg
▶완성파일 : section12/포도_완성.psd

4 준비파일을 불러와 사진을 선명하고 밝게 보정해 보세요.

▶준비파일 : section12/건물.jpg
▶완성파일 : section12/건물 _완성.psd

13 이미지 색상 바꾸기

사진의 색상을 흑백으로 만들어 보고, 2가지 색상의 듀얼톤 이미지로 변경하여 컬러 사진을 색다른 느낌의 사진으로 만들 수 있습니다.

- 컬러 사진을 흑백 사진으로 만드는 방법을 알 수 있습니다.
- 사진의 색을 듀얼톤 이미지로 변경할 수 있습니다.

배울 내용 미리보기

▲ 완성파일 : 철길_완성.psd

▲ 완성파일 : 전통_완성.psd

01 흑백 이미지 만들기

1 [파일]-[열기]를 클릭하여 [열기] 대화상자에서 [sample₩section13₩철길.jpg] 파일을 불러온 다음 [이미지]-[조정]-[색조/채도]를 클릭합니다.

2 [색조/채도] 대화상자에서 채도의 값을 '-100'으로 설정한 다음 [확인]을 클릭합니다.

02 이중톤 이미지로 사진 색 바꾸기

1 [파일]-[열기]를 클릭하여 [열기] 대화상자에서 [sample₩section13₩전통.jpg] 파일을 불러온 다음 [이미지]-[모드]-[회색 음영]을 클릭합니다. 색상 정보 삭제 유무 대화상자가 나타나면 [버리기]를 클릭합니다.

2 사진이 흑백으로 변경되면 [이미지]-[모드]-[이중톤]을 클릭합니다. [이중톤 옵션] 대화상자에서 유형 목록 단추를 클릭하여 '이중톤'을 선택합니다.

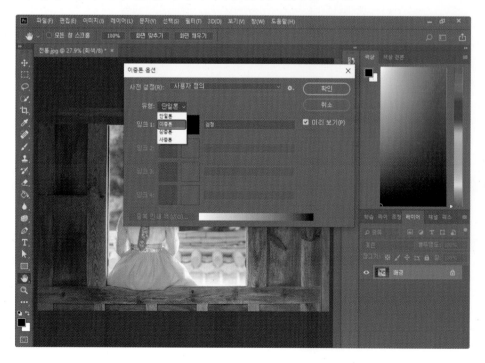

3 잉크 1의 색상을 클릭하여 [색상 피커(잉크1 색상)] 대화상자에서 파란 계역 색을 선택한 다음 [확인]을 클릭합니다.

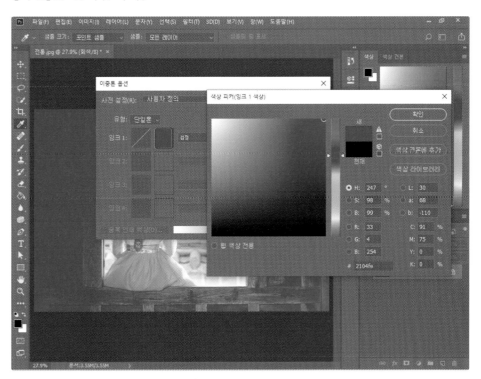

4 잉크 1의 색상 이름을 '파랑'으로 입력하고 잉크 2의 색상을 클릭합니다.

5 [색상 피커(잉크2 색상)] 대화상자에서 [색상 라이브러리]를 클릭합니다.

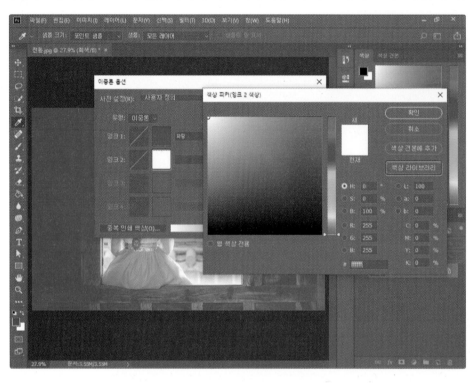

6 [색상 라이브러리] 대화상자에서 색상책 목록 단추를 클릭하여 'PANTONE solid coated'를 선택합니다. 선택한 색상책 목록이 나타나면 'PANTONE Yellow C'를 선택하고 [확인]을 클릭합니다.

7 [이중톤 옵션] 대화상자에서 [확인]을 클릭합니다.

8 다음과 같이 컬러 사진이 파랑과 노란 색 두가지 톤으로 변경된 것을 확인할 수 있습니다.

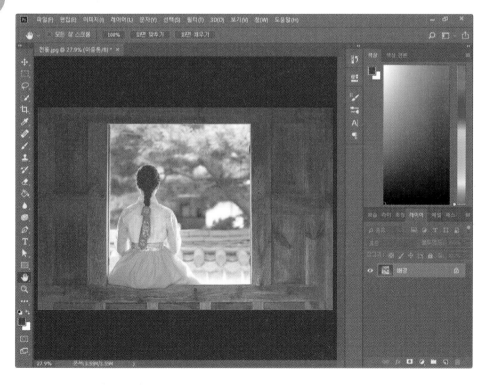

"혼자 풀어 보세요"

1 준비파일을 불러와 이미지의 채도를 조절하여 흑백 이미지를 완성해 보세요.

▶준비파일 : section13/결혼.jpg
▶완성파일 : section13/결혼_완성.psd

2 준비파일을 불러와 사진을 밝기 조절한 다음 빨간색 계열의 사진으로 만들어 보세요.

▶준비파일 : section13/파티.jpg
▶완성파일 : section13/파티_완성.psd

3 준비파일을 불러와 빠른 선택 도구를 이용하여 다음과 같이 이미지의 특정 부분만 흑백으로 만들어 보세요.

> **힌트**
> 올가미 도구로 이미지의 특정 부분을 선택한 다음 [이미지]-[조정]-[색조/채도]를 선택합니다.

▶준비파일 : section13/자동차.jpg
▶완성파일 : section13/자동차_완성.psd

4 준비파일을 불러와 레벨을 이용하여 이미지의 선명도를 조절해보고 빠른 선택 도구를 이용하여 다음과 같이 이미지의 특정 부분만 흑백으로 만들어 보세요.

> **힌트**
> 빠른 선택 도구로 인물을 선택한 다음 [선택]-[반전]을 클릭합니다.

▶준비파일 : section13/친구.jpg
▶완성파일 : section13/친구_완성.psd

사진 컬러 바꾸기

사진의 특정 부분의 색을 원하는 색으로 변경할 수 있으며, 그레이언트 맵을 활용하여 흑백 이미지로 변경하거나 오래된 사진의 효과를 설정할 수 있습니다.

➡➡ 특정 부분의 색을 다른 색으로 변경할 수 있습니다.
➡➡ 흑백 사진으로 변경할 수 있습니다.
➡➡ 오래된 사진의 느낌으로 만들 수 있습니다.

배울 내용 미리보기 ➕

▲ 완성파일 : 장미_완성.psd

▲ 완성파일 : 꽃_완성.psd

▲ 완성파일 : 모델_완성.psd

01 색상/색조로 색 변경하기

1 [파일]-[열기]를 클릭하여 [열기] 대화상자에서 [sample₩section14₩꽃.jpg] 파일을 불러옵니다. 도구 패널에서 ![Q](돋보기 도구)를 클릭하여 이미지를 확대합니다. 를 이용하여 손톱 부분을 영역으로 선택합니다.

2 영역을 추가하기 위해 옵션바에서 를 클릭하여 손톱 부분을 영역을 다음과 같이 선택합니다.

③ [이미지]-[조정]-[색조/채도]를 클릭합니다. [색조/채도] 대화상자에서 색조는 '-40', 채도는 '10', 밝기는 '-4'로 설정한 다음 [확인]을 클릭합니다.

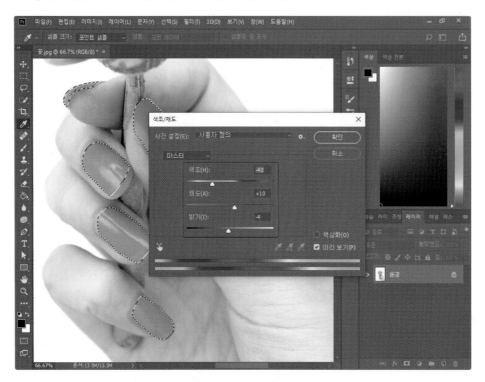

④ Ctrl + D 를 눌러 선택을 해제하면 다음과 같이 영역으로 설정한 손톱 색이 변경된 것을 확인할 수 있습니다.

02 흑백 이미지 컬러 입히기

1 [파일]-[열기]를 클릭하여 [열기] 대화상자에서 [sample₩section14₩장미.jpg] 파일을 불러온 다음 이미지를 흑백으로 변환시키기 위해 [이미지]-[조정]-[그레이디언트 맵]을 클릭합니다.

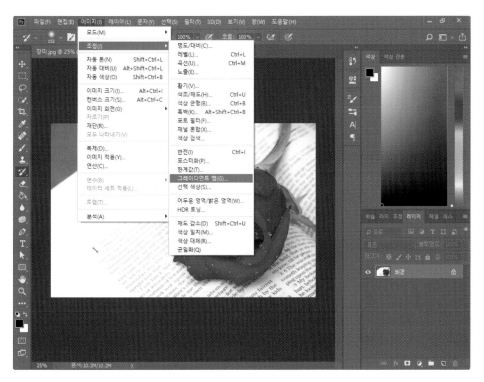

2 [그레이디언트 편집기] 대화상자의 목록 단추를 '검정, 흰색'을 선택한 다음 [확인]을 클릭합니다.

참고하세요

그레이디언트 맵에서 '검정, 흰색' 그레이디언트가 없는 경우 [그레이디언트 편집기] 대화상자의 목록 단추를 클릭하여 ⚙ (설정)을 클릭하여 [그레이디언트 재설정]을 클릭하면 됩니다.

③ 이미지가 흑백으로 변경되면 도구 패널에서 🖌(빠른 선택 도구)를 선택하여 장미 꽃 봉오리 부분을 드래그하여 영역을 설정합니다.

④ 도구 패널에서 🖌(작업 내역 브러시 도구)를 선택한 다음 옵션바에서 브러시 크기를 조절한 다음 선택영역을 드래그하면 선택한 영역의 이미지 색이 이전 상태로 복원된 것을 확인할 수 있습니다.

⑤ [이미지]-[조정]-[색조/채조]를 클릭합니다. [색조/채도] 대화상자에서 다음과 같이 색조를 조절한 다음 [확인]을 클릭합니다.

⑥ 선택 영역의 이미지 색이 파란색으로 것을 확인할 수 있습니다.

03 그레이디언트 맵으로 빈티지 사진 만들기

1 [파일]-[열기]를 클릭하여 [열기] 대화상자에서 [sample₩section14₩모델.jpg] 파일을 불러온 다음 [이미지]-[조정]-[그레이디언트 맵]을 클릭합니다. [그레이디언트 맵] 대화상자에서 색상 슬라이더를 클릭합니다.

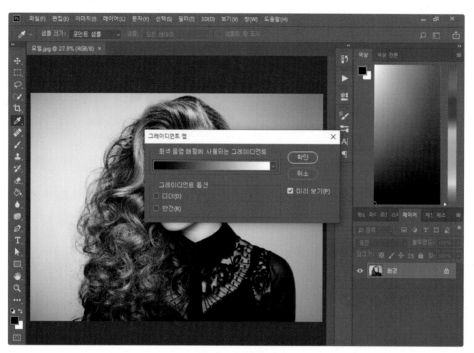

2 [그레이디언트 편집기] 대화상자에서 ⚙(설정)을 클릭하여 [사진 토닝]을 클릭합니다.

③ 사진 토닝 그레이디언트로 대체할 것인지 묻는 대화상자에서 [확인]을 클릭합니다.

④ 사진 토닝 목록에서 원하는 색상을 선택한 다음 [확인]을 클릭합니다. [그레이디언트 맵] 대화상
자에서 [확인]을 클릭하면 사진의 색상이 변경됩니다.

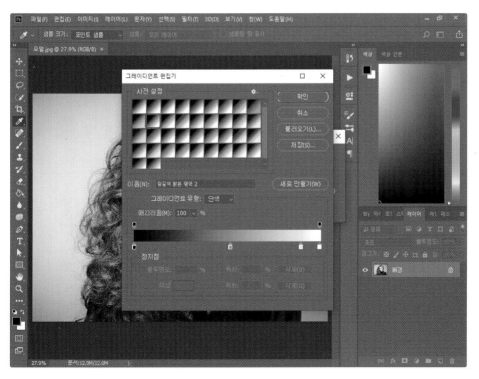

"혼자 풀어 보세요"

1 준비파일을 불러와 입술을 빨간색으로 변경해 보세요.

▶준비파일 : section14/뷰티.jpg
▶완성파일 : section15/뷰티_완성.psd

2 준비파일을 불러와 흑백 이미지로 변환한 다음 작업 내역 브러시를 이용하여 다음과 같이 만들어 보세요.

▶준비파일 : section14/과일.jpg
▶완성파일 : section14/과일_완성.psd

3 준비파일을 불러와 그레이디언트 맵과 색조/채도를 이용하여 과일의 색을 다음과 같이 바꿔 보세요.

▶준비파일 : section14/쥬스.jpg
▶완성파일 : section14/쥬스_완성.psd

4 준비파일을 불러와 레벨을 이용하여 사진을 선명하게 보정한 다음 그레이디언트 맵으로 오래된 사진 느낌이 되도록 만들어 보세요.

▶준비파일 : section14/일상.jpg
▶완성파일 : section14/일상_완성.psd

문자 도구로 안내장 만들기

문자 도루를 이용하여 초대장, 안내장 배너 등 다양한 포스터를 디자인할 수 있습니다. 텍스트에 다양한 효과를 적용하여 보다 멋있는 안내장을 만들 수 있습니다.

➤➤ 문자 도구를 이용하여 글자를 입력할 수 있습니다.
➤➤ 문자를 다양한 모양으로 변형시킬 수 있습니다.

배울 내용 미리보기 ✚

▲ 완성파일 : 행사안내_완성.psd   ▲ 완성파일 : 이벤트_완성.psd

01 문자 삽입하기

1 [sample₩section15₩행사안내.psd] 파일을 불러옵니다. 도구 패널에서 **T**(수평 문자 도구)를 선택한 다음 텍스트가 입력될 위치를 클릭합니다.

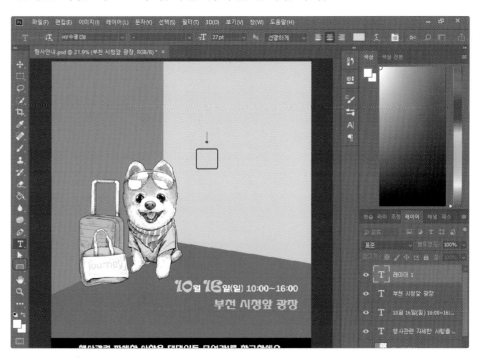

2 '2019 제5회 부천 반려동물 어울림한마당'을 입력한 다음 블록을 설정합니다. 옵션바에서 글꼴 은 'HY태백B', 글꼴 크기는 '30pt'로 설정합니다.

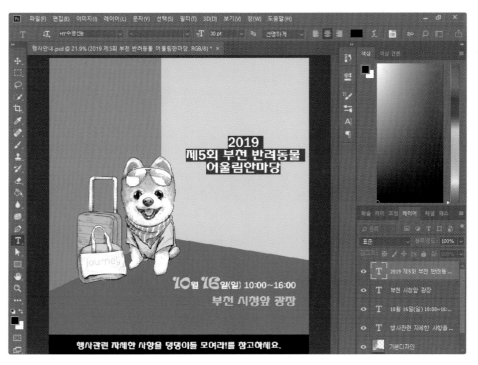

③ '2019' 텍스트를 블록 설정한 다음 글꼴을 'Impact', 글자 크기는 '35pt', 글자색은 빨간색 계열로 설정합니다. 같은 방법으로 다음과 같이 글꼴 크기와 색을 설정한 다음 텍스트 전체를 블록 설정한 다음 옵션바에서 📋(문자 및 단락 패널 켜시/끄기)를 클릭합니다.

제5회 : HY수평B, 30pt, 검정
부천 반려동물: HY수평B, 25pt, 검정
어: HY수평B, 30pt, 노랑
울 : HY수평B, 30pt, 파랑
림 : HY수평B, 30pt, 보라
한마당 : HY수평B, 30pt, 검정

참고하세요

텍스트 옵션

❶ 텍스트 방향 켜기/끄기 : 입력한 텍스트의 방향을 변경합니다.

❷ 글꼴 설정 : 글꼴을 설정합니다.

❸ 글꼴 스타일 설정 : 글꼴 스타일을 설정합니다.

❹ 글꼴 크기 설정 : 글꼴 크기를 설정합니다.

❺ 앤티앨리어싱 설정 : 텍스트의 경계 부분을 선명하게, 뚜렷하게, 강하게 설정할 수 있습니다.

❻ 텍스트 왼쪽 정렬 : 텍스트를 왼쪽으로 정렬합니다.

❼ 텍스트 가운데 정렬 : 텍스트를 가운데로 정렬합니다.

❽ 텍스트 오른쪽 정렬 : 텍스트를 오른쪽으로 정렬합니다.

❾ 텍스트 색상 설정 : 텍스트 색상을 설정할 수 있습니다.

❿ 뒤틀어진 텍스트 만들기 : 텍스트를 곡선이나, 호 등의 모양으로 변경할 수 있습니다.

⓫ 문자 및 단락 패널 켜기/끄기 : 문자 및 단락 패널을 표시하거나 감출 수 있습니다.

④ [문자 및 단락] 패널의 [문자] 탭에서 행간 설정은 '45pt'로 설정한 다음 ▣(문자 및 단락 패널 켜시/끄기)를 클릭합니다.

⑤ 같은 방법으로 다음과 같이 텍스트를 입력하여 완성합니다.

댕 : MD 아트체, 50pt, 빨강

댕 : MD 아트체, 50pt, 노랑

이 : 댕 : MD 아트체, 50pt, 초록

들 모여라! : 댕 : MD 아트체, 50pt, 검정

02 뒤틀어진 텍스트 만들기

1 [sampleＷsection15Ｗ이벤트.psd] 파일을 불러온 다음 ![T](수평 문자 도구)를 선택합니다. 옵션바에서 글꼴은 'HY견고딕', 글꼴 크기는 '40pt', 글꼴 색은 파란색 계열로 설정한 후 이미지 아래 부분을 클릭하여 "여름에는 아이스커피"를 입력합니다.

2 옵션바에서 ![T](뒤틀어진 텍스트 만들기)를 클릭합니다. [텍스트 뒤틀기] 대화상자에서 스타일은 '부채꼴', 구부리기는 '−50%', 세로 왜곡은 '16%'로 설정한 다음 [확인]을 클릭합니다.

3 ⊕(이동 도구)를 클릭하여 적당한 위치로 텍스트를 이동한 다음 [레이어]-[레이어 스타일]-[그림자]를 클릭합니다. [레이어 스타일] 대화상자에서 혼합 모드는 '표준', '불투명도', '거리'와 '스프레드', '크기'를 조절한 다음 [확인]을 클릭합니다.

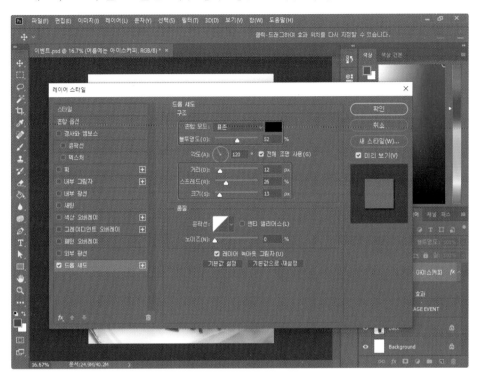

4 다음과 같이 뒤틀어진 텍스트에 그림자 효과를 설정하여 완성된 것을 확인할 수 있습니다.

"혼자 풀어 보세요"

1 준비파일을 불러와 다음과 같이 내용을 입력해 보세요.

▶ 준비파일 : section15/포스터.psd
▶ 완성파일 : section15/포스터_완성.psd

2 포스터_완성.psd 파일을 불러와 글꼴 서식을 원하는 모양으로 바꿔보세요.

> **힌트**
> • 글꼴 : 휴먼둥근헤드라인, HY견고딕

▶ 완성파일 : section15/포스터_최종.psd

3 준비파일을 불러와 내용을 입력하고 뒤틀어진 텍스트를 만들어 보세요.

힌트
텍스트 뒤틀기 : 돌출

▶준비파일 : section15/생일카드.psd
▶완성파일 : section15/생일카드_완성.psd

4 준비파일을 불러와 세로 방향 문자를 입력해 보세요.

힌트
세로 문자 도구를 이용하여 내용을 입력한 다음 [한자]를 눌러 맞는 한자로 변환합니다.

▶준비파일 : section15/복주머니.jpg
▶완성파일 : section15/복주머니_완성.psd

16 문자 디자인하기

스타일 기능은 다양한 컬러나 모양을 쉽게 적용할 수 있습니다. 텍스트에 스타일을 적용해보고 문자 마스크 도구로 화려한 문자를 디자인해 봅니다.

➤➤ 스타일 기능을 적용하여 쉽게 문자를 디자인할 수 있습니다.
➤➤ 수평 문자 마스크 도구를 이용하여 그림으로 채워진 문자를 만들 수 있습니다.

배울 내용 미리보기 ➕

◀ 완성파일 : 여름축제_완성.psd

◀ 완성파일 : 축제배너_완성.psd

01 스타일로 텍스트 꾸미기

1 [sampleWsection16W여름축제.psd] 파일을 불러온 다음 수평 텍스트 도구를 이용하여 다음과 같이 내용을 입력합니다.

2 [창]-[스타일]을 선택해 [스타일] 패널이 나타나면 ▣ 단추를 클릭하여 바로가기 메뉴가 나타나 면 '텍스트 효과'를 선택합니다.

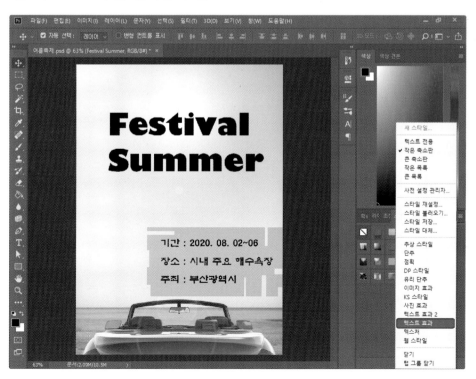

③ 텍스트 효과 스타일 대체 유무를 묻는 대화상자가 나타나면 [확인]을 클릭합니다.

④ [레이어] 패널에서 'Festival Summer' 레이어를 선택한 다음 텍스트 효과 스타일에서 원하는 스타일을 선택합니다.

02 이미지로 글씨 채우기

1 [sampleＷsection16Ｗ축제배너.psd] 파일을 불러온 다음 도구 패널에서 **T**(수평 문자 도구)에서 마우스 오른쪽 단추를 클릭하여 **T**(수평 문자 마스크 도구)를 선택합니다.

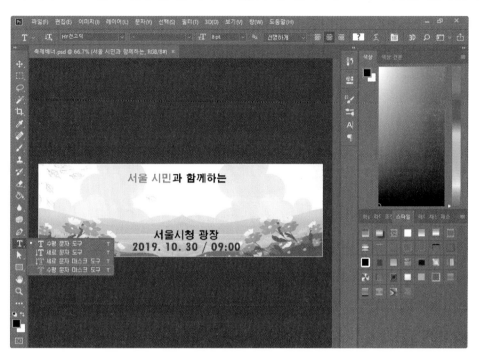

2 텍스트가 입력될 위치를 클릭한 다음 옵션바에서 글꼴은 'MD아트체', 크기는 '20pt'로 설정하고 "가을축제"를 입력합니다.

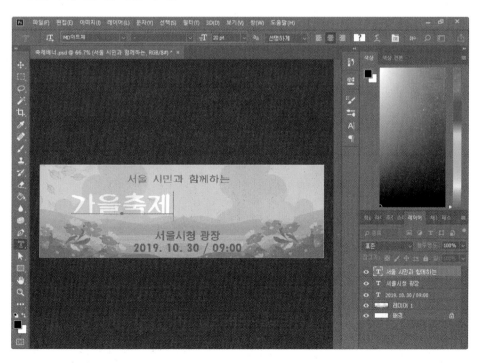

③ 텍스트를 이동시키기 위해 Ctrl 을 누른 상태에서 텍스트를 드래그하여 원하는 위치로 이동시킨
다음 Ctrl + Enter 를 누릅니다.

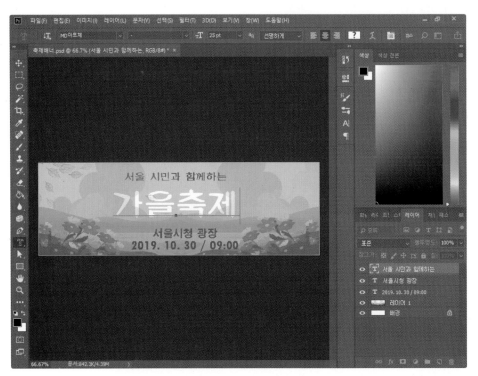

④ 텍스트가 선택 영역으로 설정되면 [파일]-[열기]를 클릭하여 '단풍.jpg' 파일을 불러옵니다.
Ctrl + A 를 눌러 불러온 이미지 전체를 선택한 다음 Ctrl + C 를 눌러 복사합니다.

⑤ '축제배너.psd' 화면에서 [편집]–[특수 붙여넣기]–[안쪽에 붙여넣기]를 클릭합니다.

⑥ 그림자 효과를 주기 위해 [레이어]–[레이어 스타일]–[그림자]를 클릭합니다. [레이어 스타일] 대화상자에서 불투명도는 '52%', 거리는 '9px', 스프레드 '39%', 크기는 8px'로 설정한 다음 [확인]을 클릭합니다.

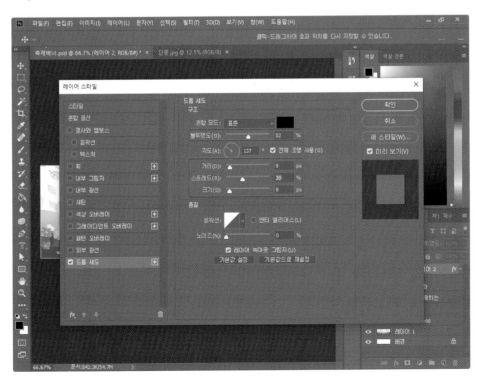

"혼자 풀어 보세요"

1 준비파일을 불러와 스타일 기능을 이용하여 다음과 같이 만들어 보세요.

> **힌트**
> • 어린이 홈베이킹스쿨 : 텍스트 효과 – 획이 적용된 파랑 그레이언트
> • 친구들 모여라~ : 텍스트 효과2 – 들어간 황금 경사

▶ 준비파일 : section16/쿠키.jpg
▶ 완성파일 : section16/쿠키_완성.psd

2 준비파일을 불러와 레이어 스타일을 이용하여 다음과 같이 완성해 보세요.

> **힌트**
> • 획 : 크기(10), 위치(바깥쪽), 색상 (흰색)
> • 그림자 효과 : 각도(30), 거리(8), 스프레드(39), 크기(8)

▶ 준비파일 : section16/억새.psd
▶ 완성파일 : section16/억새_완성.psd

"혼자 풀어 보세요"

3 준비파일을 불러와 수평 문자 마스크 도구와 레이어 스타일을 이용하여 다음과 같이 문자를 디자인해 보세요.

▶준비파일 : section16/가을.jpg, 하늘.jpg
▶완성파일 : section16/가을_완성.psd

4 준비파일을 불러와 펜 도구와 문자를 이용하여 카드를 만들어 보세요.

힌트
• HALLOWEEN : 텍스트 효과 – 액체 무지개
• 할로윈 : 텍스트 효과 – 뜨거운 분출

▶준비파일 : section16/할로윈.psd.psd
▶완성파일 : section16/할로윈_완성.psd

레이어 이해하기

레이어란 투명 유리판과 비슷한 개념으로 여러 개의 유리판에 각각의 그림을 그린 다음 하나로 겹치면 하나의 그림처럼 보이는 원리입니다. 레이어를 활용하여 이미지를 멋있게 합성할 수 있습니다.

➡➡ 레이어에 대해 알 수 있습니다.
➡➡ 새로운 레이어를 삽입하고 조정 레이어로 색을 변경할 수 있습니다.

배울 내용 미리보기 ➕

▲ 완성파일 : 광고_완성.psd

▲ 완성파일 : 아기_완성.psd

01 이미지 합성하기

1 [sampleWsection17W광고.psd] 파일을 불러옵니다. [레이어] 패널에서 '수강생모집' 레이어를 선택한 다음 [레이어]-[래스터화]-[문자]를 클릭하여 텍스트를 이미지로 변환시킵니다.

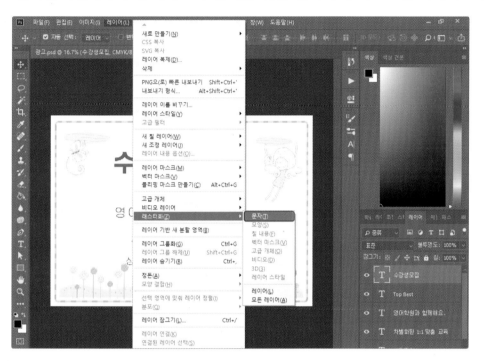

2 **Ctrl** 을 누른 상태로 [레이어] 패널에서 '수강생모집' 레이어의 썸네일 부분을 클릭하여 영역을 설정합니다. 영역을 확대하기 위해 [선택]-[수정]-[확대]를 클릭합니다.

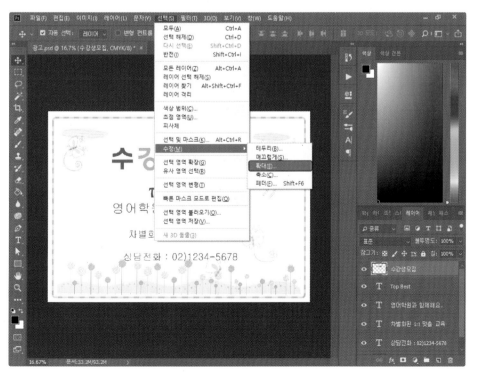

3 [선택 영역 확대] 대화상자에서 확대량을 '40' 픽셀로 설정한 다음 [확인]을 클릭합니다.

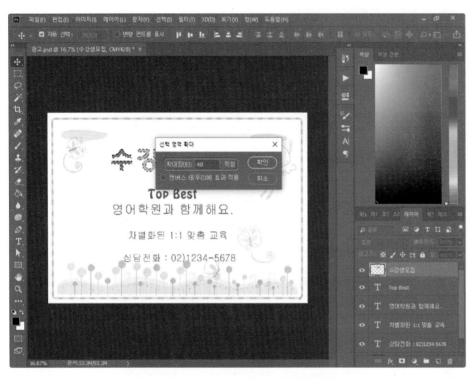

4 [레이어]-[새로 만들기]-[레이어]를 클릭하여 [새 레이어] 대화상자에서 레이어 이름을 '그림자'
로 입력하고 [확인]을 클릭합니다.

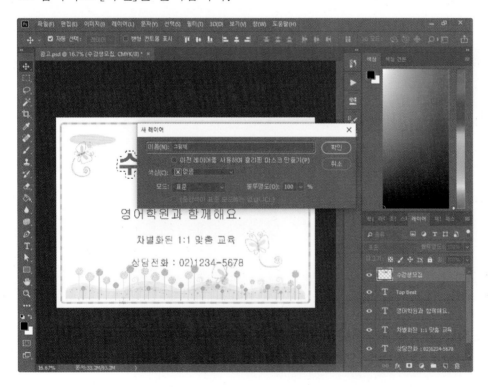

5 [레이어] 패널 맨 위에 그림자 레이어가 추가된 것을 확인할 수 있습니다. 전경색을 흰색으로 설정한 다음 도구 패널에서 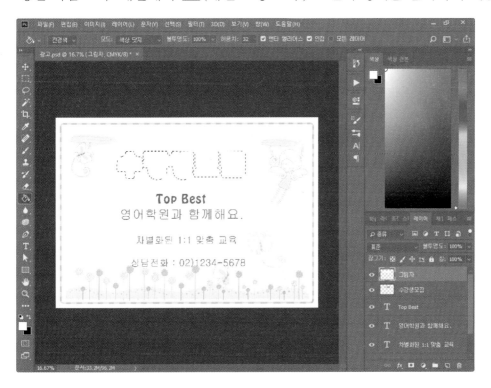(페인트 통 도구)로 선택 영역을 클릭하여 색을 칠합니다.

6 다시 [레이어]-[새로 만들기]-[레이어]를 클릭하여 [새 레이어] 대화상자에서 레이어 이름을 '그림자테두리'로 입력하고 [확인]을 클릭합니다.

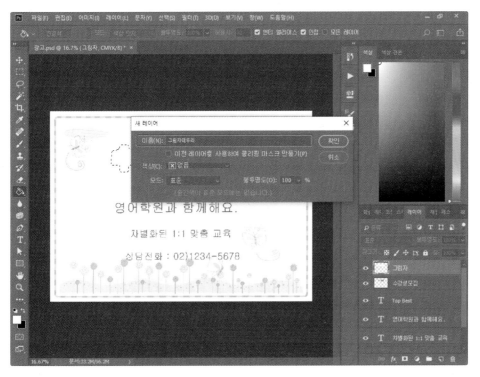

7 그림자의 테두리를 설정하기 위해 [편집]-[획]을 클릭합니다. [획] 대화상자에서 폭은 '5px'로 지정한 다음 색상을 클릭하여 검정을 선택합니다. [색상 피커] 대화상자에서 [확인]을 클릭합니다.

8 [획] 대화상자에서 위치를 '바깥쪽'으로 선택하고 [확인]을 클릭합니다.

9 [레이어] 패널에서 '수강생모집' 레이어를 '그림자테두리' 레이어 위로 드래그하여 순서를 바꿔 광고를 완성합니다.

참고하세요

레이어 패널

❶ 블렌딩 모드 : 선택한 레이어와 바로 아래 있는 레이어의 합성 방식을 설정할 수 있습니다.

❷ 불투명도 : 선택한 레이어의 불투명도를 설정할 수 있습니다.

❸ 잠그기
  • 투명한 영역 잠금 : 이미지가 없는 투명한 영역에서 작업을 할 수 없습니다.
  • 이미지 영역 잠금 : 이미지에 채우기 등의 작업을 할 수 없습니다.
  • 이미지 이동 잠금 : 이미지를 이동시킬 수 없습니다.
  • 모두 잠그기 : 레이어에 어떤 작업도 할 수 없습니다.

❹ 칠 : 색상 영역의 불투명도를 조절합니다.

❺ 눈 단추 : 레이어를 화면에 표시하거나 숨길 수 있습니다.

❻ 링크 추가 : 선택한 두 개 이상의 레이어를 하나로 연결하여 한번에 이동하기 쉽습니다.

❼ 레이어 스타일 추가 : 레이어에 다양한 스타일을 설정할 수 있습니다.

❽ 레이어 마스크 추가 : 선택한 레이어에 마스크를 설정할 수 있습니다.

❾ 보정 레이어 : 레이어의 색상, 밝기, 채도 등을 설정할 수 있는 레이어가 삽입됩니다.

❿ 레이어 그룹 : 레이어를 그룹으로 묶어 관리할 수 있습니다.

⓫ 새 레이어 추가 : 새로운 레이어를 추가합니다.

⓬ 레이어 삭제 : 레이어를 삭제할 수 있습니다.

02 조정 레이어로 색 변경하기

1 [sample₩section17₩아기.jpg] 파일을 불러옵니다. 도구 패널에서 ✏️(빠른 선택 도구)를 클릭한 다음 인물을 드래그하여 선택 영역을 설정합니다.

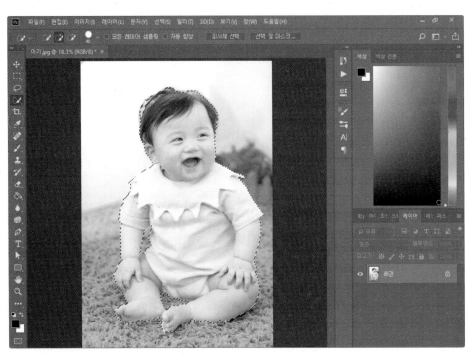

2 **Ctrl** + **C** 를 눌러 선택한 이미지를 복사한 다음 **Ctrl** + **V** 를 눌러 붙여넣기 합니다. 복사된 '레이어 1'을 더블클릭하여 레이어 이름을 '인물'로 변경합니다.

③ '배경' 레이어를 선택한 다음 [레이어]-[새 조정 레이어]-[색조/채도]를 클릭합니다. [새 레이어] 대화상자가 나타나면 [확인]을 클릭합니다.

④ [속성] 대화상자에서 채도 값을 '-100'으로 설정하여 배경을 흑백으로 변경합니다.

"혼자 풀어 보세요"

1 준비파일을 불러와 다음과 같이 이미지를 합성해 보세요.

▶준비파일 : section17/잔디.psd, 축구공.psd, 축구선수.psd
▶완성파일 : section17/잔디_완성.psd

2 준비파일을 불러와 [새 조정 레이어]의 [색조/채도]를 이용하여 다음과 같이 만들어 보세요.

▶준비파일 : section17/휴식.jpg
▶완성파일 : section17/휴식_완성.psd

"혼자 풀어 보세요"

3 준비파일을 불러와 다음과 같이 레이어 조정 모드를 이용하여 만들어 보세요.

힌트

사각형 만들기 : 새로운 레이어를 추가하여 사각 영역 선택 도구로 영역을 설정한 다음 [편집] − [획]을 클릭합니다. [획] 대화상자에서 폭을 20px, 흰색, 위치는 바깥쪽으로 설정하여 테두리를 만듭니다.

▶준비파일 : section17/생일.jpg

▶완성파일 : section17/생일_완성.psd

4 생일_완성.psd 파일에 문자를 삽입하고 디자인해 보세요.

힌트

글꼴 : HY울릉도B, 15pt

▶완성파일 : section17/생일_최종.psd

18 마스크 기능 응용하기

마스크란 레이어에 구멍 뚫고, 그 영역에 바로 아래 위치한 레이어의 이미지가 보이게 하는 것으로, 이미지를 합성할 때 유용하게 사용하는 기능입니다.

➤➤ 레이어 마스크 기능으로 이미지를 합성할 수 있습니다.
➤➤ 클리핑 마스크 기능으로 특정 모양으로 이미지를 보이게 할 수 있습니다.

배울 내용 미리보기 ➕

◀ 파일명 : 도시_완성.psd

▶ 파일명 : 단풍_완성.psd

01 레이어 마스크 기능으로 이미지 합성하기

1 [sample\section18\도시.jpg]와 [구름.jpg] 파일을 불러옵니다. 구름 이미지 창에서 `Ctrl` + `A` 를 눌러 이미지를 선택한 다음 `Ctrl` + `C` 를 눌러 복사합니다.

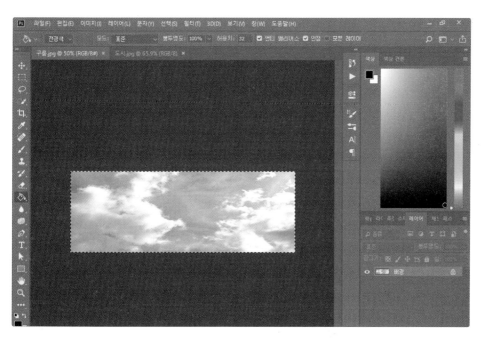

2 도시 이미지 창에서 `Ctrl` + `V` 를 눌러 복사한 구름 이미지를 붙여넣기한 다음 이미지를 위쪽으로 드래그하여 이동시킵니다. (페인트 통 도구)에서 마우스 오른쪽 단추를 클릭하여 (그레디언트 도구)를 선택합니다.

③ 옵션바에서 그레디언트 피커 단추를 클릭하여 '전경색에서 투명으로' 그레이디언트를 선택합니다.

④ 레이어 마스크를 설정하기 위해 [레이어]-[레이어 마스크]-[모두 나타내기]를 클릭합니다. 레이어 패널에서 레이어 1 옆에 흰색 마스크가 표시됩니다. 흰색 마스크를 선택한 다음 이미지 경계선을 아래에서 위로 드래그하면 자연스럽게 두 개의 이미지가 합성됩니다.

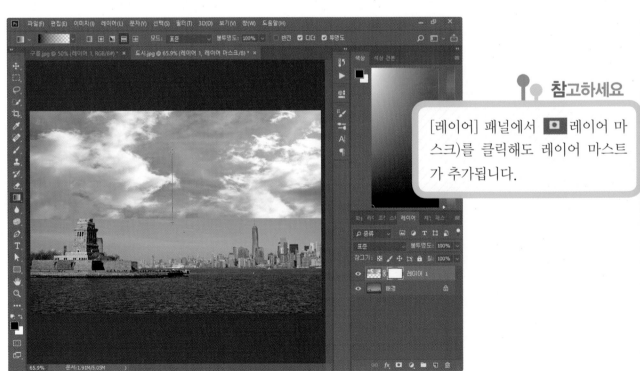

참고하세요

[레이어] 패널에서 ▣ 레이어 마스크)를 클릭해도 레이어 마스트가 추가됩니다.

클리핑 마스크를 이용한 이미지 합성하기

1 [파일]−[새로 만들기]를 클릭하여 [새로 만들기 문서] 창에서 폭은 '400 픽셀', 높이는 '300 픽셀', 해상도는 '72 픽셀', 배경 내용은 '흰색'으로 설정한 다음 [제작]을 클릭합니다.

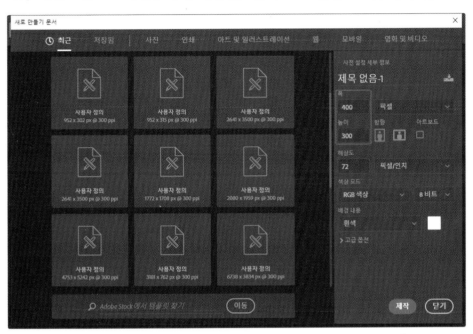

2 [레이어] 패널에서 🔲(새 레이어 삽입)을 클릭하여 레이어를 삽입한 다음 전경색을 검정으로 설정합니다. 도구 패널에서 ✏(브러시 도구)를 선택한 다음 옵션바에서 선명한 원을 선택하고 크기는 '30px'로 설정합니다.

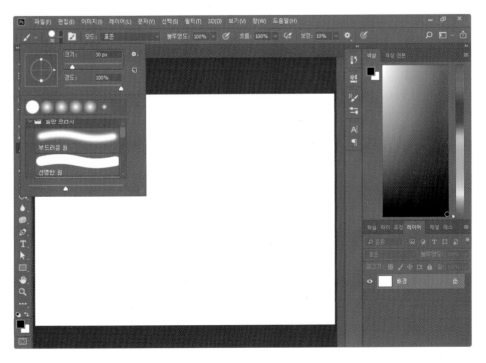

③ 브러시로 드래그하여 테두리 영역을 그립니다.

④ [파일]-[열기]를 클릭하여 '단풍.jpg' 파일을 불러온 다음 `Ctrl` + `A` 를 눌러 전체 이미지를 선택한 다음 `Ctrl` + `C` 를 눌러 복사합니다.

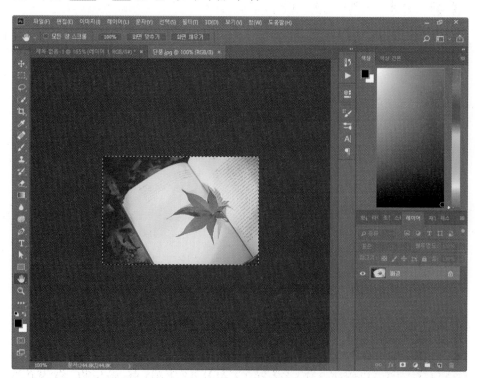

③ '제목 없음-1' 창에서 Ctrl + V 를 눌러 복사한 이미지를 붙여 넣은 다음 [레이어]-[클리핑 마스크 만들기]를 클릭합니다.

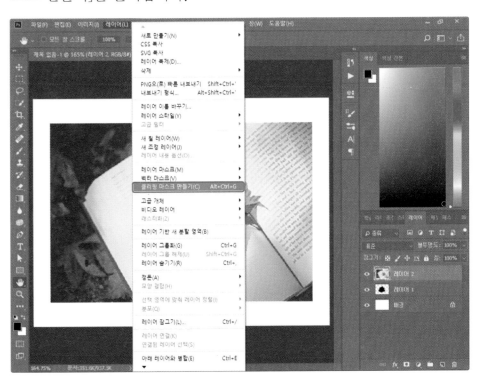

④ 🕀(이동 도구)를 클릭한 다음 복사한 이미지를 적당히 이동시켜 다음과 같이 이미지를 완성합니다.

"혼자 풀어 보세요"

1 준비파일을 이용하여 레이어 마스크를 적용하여 다음과 같이 합성해 보세요.

▶준비파일 : section18/배경.jpg, 튤립.jpg
▶완성파일 : section18/튤립_완성.psd

2 준비파일을 이용하여 레이어 마스크를 적용하여 다음과 같이 합성해 보세요.

▶준비파일 : section18/사람.jpg, 강.jpg
▶완성파일 : section18/사람_완성.psd

3 준비파일을 이용하여 클리핑 마스크로 다음과 같이 앨범을 완성해 보세요.

▶준비파일 : section18/가족1.jpg, 가족2.jpg, 가족3.jpg, 가족4.jpg, 앨범.psd
▶완성파일 : section18/앨범_완성.psd

4 새로운 파일에 다음과 같이 클리핑 마스크를 이용하여 대회 홍보 포스터를 만들어 보세요.

▶준비파일 : section18/궁.jpg, 나무1.png, 나무2.png, 나무3.png
▶완성파일 : section18/대회홍보포스터.psd

레이어 스타일과 혼합 모드 활용하기

레이어에 그림자, 경사와 엠보스, 외부 광선 등의 레이어 스타일을 활용하여 이미지의 그림자를 설정할 수 있을 뿐만 아니라 혼합 모드를 적용하여 배경 이미지와 멋있게 이미지를 합성할 수 있습니다.

➤➤ 레이어 스타일을 적용하여 그림자를 만들 수 있습니다.
➤➤ 혼합 모드를 활용하여 배경과 겹쳐진 이미지의 색상을 멋있게 표현할 수 있습니다.

배울 내용 미리보기 ➕

▲ 파일명 : 농구_완성.psd

▲ 파일명 : 자연_완성.psd

01 레이어 스타일로 그림자 만들기

1 [sample₩section19₩농구.jpg] 파일을 불러옵니다. ◢(자동 선택 도구)를 이용하여 배경을 선택한 다음 [선택]-[반전]을 클릭합니다.

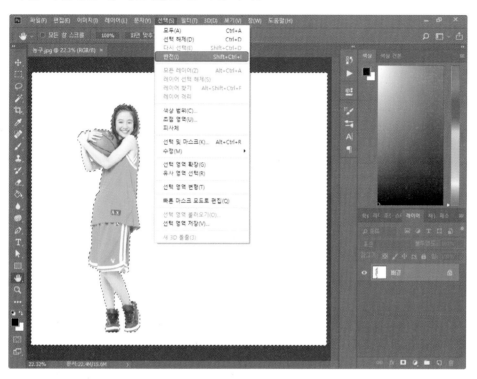

2 Ctrl + C 를 눌러 선택한 이미지를 복사한 다음 Ctrl + V 를 눌러 붙여 넣기하면 새로운 레이어가 추가되면서 선택한 이미지가 붙여넣기됩니다.

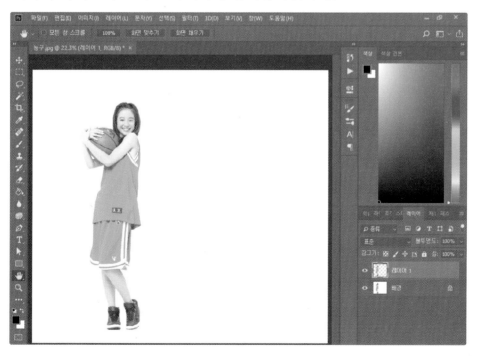

③ 복사된 레이어 1을 선택한 다음 [레이어]-[레이어 스타일]-[그림자]를 클릭합니다. [레이어 스타일] 대화상자에서 드롭 섀도의 혼합 모드를 '곱하기'로 지정하고, 불투명도(20%)와 거리(100px), 스프레드(0%), 크기(20px)를 설정한 다음 [확인]을 클릭합니다.

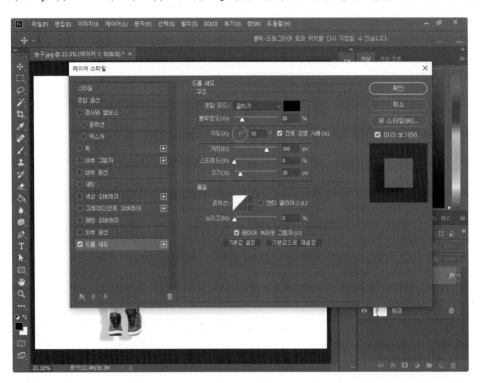

④ [레이어] 패널의 그림자 효과 레이어에서 마우스 오른쪽 단추를 클릭하여 [레이어 만들기]를 클릭합니다.

5 다음과 같이 대화상자가 나타나면 [확인]을 클릭합니다.

6 레이어 스타일의 분리가 되면 [레이어] 패널에서 레이어 1의 그림자를 선택한 다음 [편집]−[자유 변형]을 클릭하여 다음과 같이 이미지의 위치를 이동시켜 완성합니다.

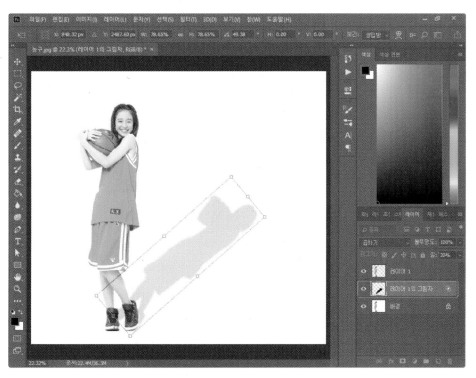

02 블랜딩 모드로 배너만들기

1 [파일]-[열기]를 클릭하여 [열기] 대화상자에서 [sample₩section19₩자연.psd]와 [호랑이.jpg] 파일을 불러와 호랑이 이미지 창에서 를 이용하여 배경을 선택한 다음 [선택]-[반전]을 클릭합니다. `Ctrl` + `C` 를 눌러 복사합니다.

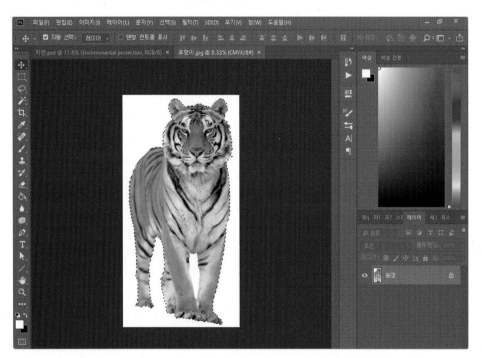

2 '자연.psd' 이미지 창에서 `Ctrl` + `V` 를 눌로 복사한 이미지를 붙여넣기한 다음 를 이용하여 복사된 호랑이 사진의 위치를 적당한 곳에 배치합니다.

③ 레이어 패널의 블랜딩 모드 목록 단추를 클릭하고 '오버레이'를 선택합니다.

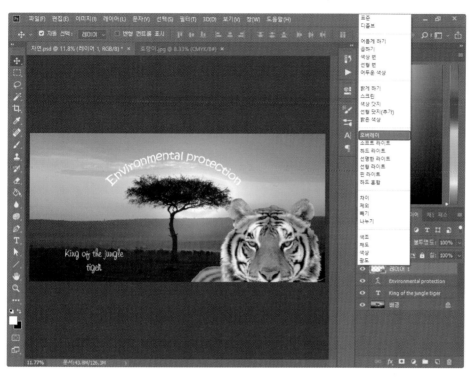

④ 다음과 같이 멋있는 배너가 완성된 것을 확인할 수 있습니다.

"혼자 풀어 보세요"

1 준비파일을 불러와 다음과 같이 그림자를 만들어 보세요.

▶ 준비파일 : section19/요가운동.psd

▶ 완성파일 : section19/요가운동_완성.psd

`힌트`

[편집]-[변형]-[세로로 뒤집기]를 이용하여 그림자를 이미지의 방향을 상하대칭 시킬 수 있습니다.

2 준비파일을 불러와 배경 이미지와 혼합모드(선명한 라이트)를 이용하여 다음과 같이 완성해 보세요.

▶ 준비파일 : section19/배경.jpg, 요가이벤트.psd

▶ 완성파일 : section19/요가이벤트_완성.psd

"혼자 풀어 보세요"

3 준비파일을 불러와 레이어 블랜딩 모드를 적용하여 낙서가 된 이미지를 만들어 보세요.

▶준비파일 : section19/담장.jpg, 낙서1.png, 낙서2.png
▶완성파일 : section19/담장_완성.jpg

4 준비파일을 불러와 다음과 같이 그림자를 만들어 보세요.

▶준비파일 : section19/강아지.jpg
▶완성파일 : section19/강아지_완성.psd

20 필터 활용하기

필터를 사용하여 사진을 깨끗하게 보정하고, 스케치나 인상파 그림과 같은 효과를 주는 특수 아트 효과를 적용하여 독특한 사진을 만들 수 있습니다.

➤➤ 방사형 흐림 효과 필터를 적용하여 시선이 모아지는 이미지를 만들 수 있습니다.
➤➤ 노이즈 효과와 블랜딩 모드를 적용하여 연필로 그린 이미지를 만들 수 있습니다.

배울 내용 미리보기 ➕

▲ 파일명 : 취미_완성.psd

▶ 파일명 : 전통_완성.psd

166

주밍 효과로 시선 모으는 이미지 만들기

1 [sample₩section20₩취미.jpg] 파일을 불러옵니다. ◎(원형 선택 윤곽 도구)를 선택한 다음 주밍 효과를 설정할 영역을 드래그합니다.

> **참고하세요**
>
> ⬚(사각 선택 윤곽 도구)에서 마우스 오른쪽 단추를 클릭하여 원형 선택 윤곽 도구를 선택할 수 있습니다.

2 선택 영역을 반전시키기 위해 [선택]-[반전]을 클릭합니다.

③ [필터]-[흐림 효과]-[방사형 흐림 효과]를 클릭합니다. [방사형 흐림 효과] 대화상자에서 양은 '20', 흐림 효과 방법은 '돋보기'로 선택하고 [확인]을 클릭합니다.

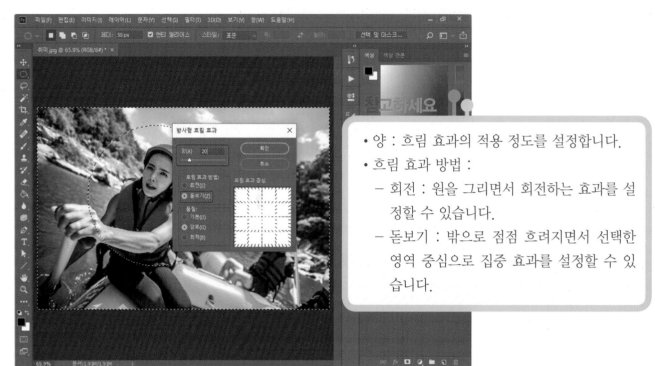

- 양 : 흐림 효과의 적용 정도를 설정합니다.
- 흐림 효과 방법 :
  - 회전 : 원을 그리면서 회전하는 효과를 설정할 수 있습니다.
  - 돋보기 : 밖으로 점점 흐려지면서 선택한 영역 중심으로 집중 효과를 설정할 수 있습니다.

④ Ctrl + D 를 눌러 선택 영역을 해제하면 다음과 같이 선택한 영역 중심으로 시선이 집중되는 사진이 완성됩니다.

1 [sample₩section20₩전통.jpg] 파일을 불러온 다음 배경 레이어를 복제하기 위해 [레이어]-[새로 만들기]-[복사한 레이어]를 클릭합니다.

참고하세요

복사한 레이어: Ctrl + J

2 스케치 효과를 설정하기 위해 [필터]-[스타일화]-[가장자리 찾기]를 클릭합니다.

③ 노이즈 효과를 주기 위해 [필터]-[노이즈]-[노이즈 추가]를 클릭합니다. [노이즈 추가] 대화상자에서 양은 '10%', 분포는 '균일'을 선택하고 '단색'에 체크를 한 다음 [확인]을 클릭합니다.

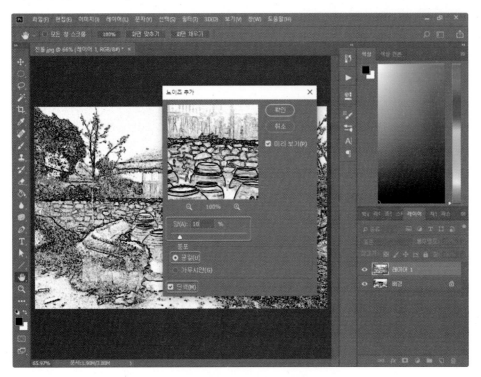

④ 블랜딩 모드 목록 단추를 클릭하여 '밝게 하기'를 클릭하면 다음과 같이 연필로 스케치한 이미지가 완성됩니다.

"혼자 풀어 보세요"

1   준비파일을 불러와 스타일화 필터와 노이즈 필터를 이용하여 스케치한 효과를 적용해 보세요.

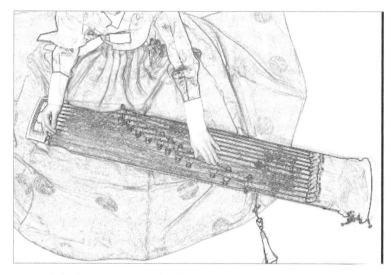

▶ 준비파일 : section20/가야금.psd
▶ 완성파일 : section20/가야금_완성.psd

2   준비파일을 불러와 연필로 스케치한 이미지를 만들어 보세요.

힌트
[이미지]-[조정]-[채도 감소]를 클릭하면 이미지가 흑백으로 바뀝니다.

▶ 준비파일 : section20/풍경.jpg
▶ 완성파일 : section20/풍경_완성.psd

21

셰이프 도구로 디자인하기

사각형, 타원 등의 다양한 도형을 삽입하여 광고 배너나 행사 배너 뿐만아니라 기념일 카드를 예쁘게 만들 수 있습니다.

➡➡ 사각형, 타원 등의 도형을 삽입할 수 있습니다.
➡➡ 브러시 도구로 점 테두리를 만들 수 있습니다.

배울 내용 미리보기 ➕

▲ 완성파일 : 가족_완성.psd

01 셰이프 도구로 말풍선 넣기

1 [sample₩section21₩가족.psd] 파일을 불러옵니다. 전경색 색상 피커를 클릭하여 원하는 색으로 선택한 다음 □(사각형 도구) 도구에서 마우스 오른쪽 단추를 클릭하여 ✿(사용자 정의 모양 도구)를 선택합니다.

2 옵션바에서 모양 목록 단추를 클릭하여 ✿(설정)을 클릭하여 [말풍선]을 선택합니다.

③ 현재 모양을 말 풍선으로 대체할 것인지 묻는 대화상자에서 [확인]을 클릭합니다.

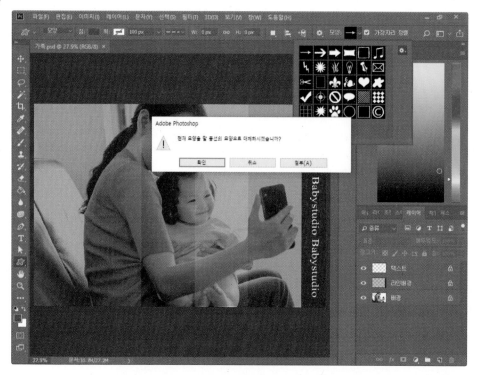

④ 말풍선 목록에서 삽입할 말풍선을 선택합니다.

⑤ 적당한 위치에서 드래그하여 말풍선을 삽입합니다. [편집]-[자유 변경]을 클릭한 다음 원하는 각도로 드래그하여 말풍선을 회전 시킨 후 Enter 를 누릅니다.

⑥ 말풍선 외곽 테두리를 설정하기 위해 [레이어]-[레이어 스타일]-[획]을 클릭합니다. [레이어 스타일] 대화상자의 [획]에서 크기(20)와 위치(바깥쪽), 색상(흰색)을 지정한 다음 [확인]을 클릭합니다.

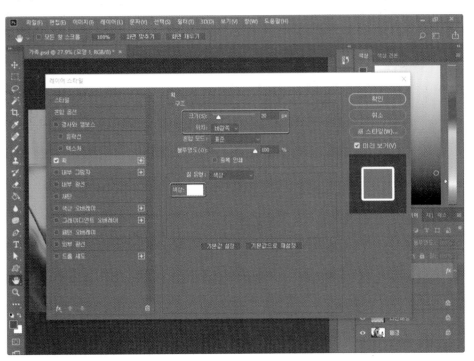

7 안쪽 테두리를 만들기 위해 [레이어] 패널에서 `Ctrl` 을 누른 상태로 모양의 썸네일 부분을 클릭합니다. 선택 영역을 축소하기 위해 [선택]-[수정]-[축소]를 클릭합니다.

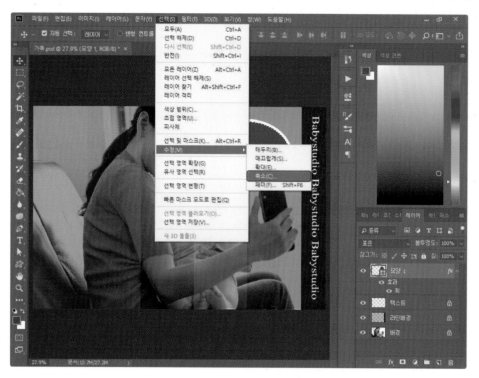

8 [선택 영역 축소] 대화상자에서 축소량(20)을 설정한 다음 [확인]을 클릭합니다.

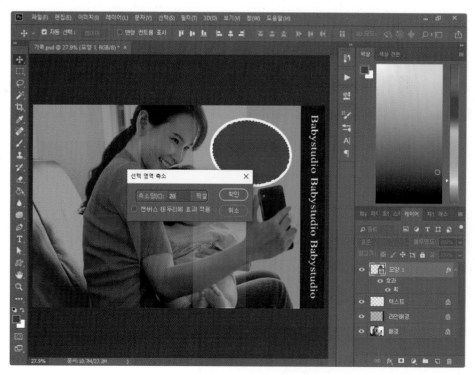

⑨ 선택 영역이 축소되면 선택한 영역을 패스로 설정하기 위해 [패스] 패널에서 █를 클릭하여 선택 영역으로부터 작업 패스를 만듭니다.

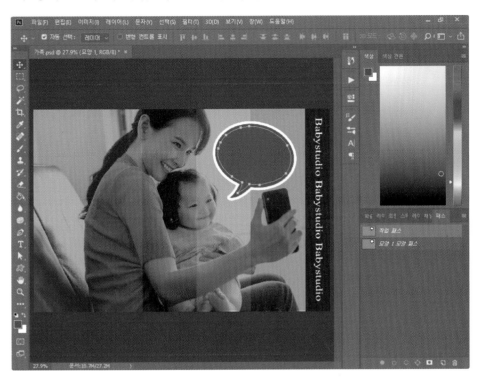

⑩ [레이어]–[새로 만들기]–[레이어]를 클릭합니다. [새 레이어] 대화상자에서 레이어 이름을 "점선테두리"로 입력한 다음 [확인]을 클릭합니다.

11 전경색을 흰색으로 설정한 다음 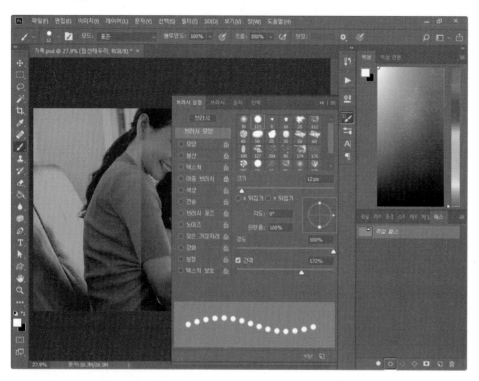(브러시 도구)를 선택합니다. 옵션바에서 ⬛(브러시 설정 패널 전환)을 클릭한 다음 [브러시 설정] 패널에서 브러시 종류와 크기, 간격을 설정한 다음 [패스] 패널에서 ⬤(브러시로 획 패스)를 클릭합니다.

12 [패스] 패널에서 ⬤(브러시로 획 패스)를 클릭합니다.

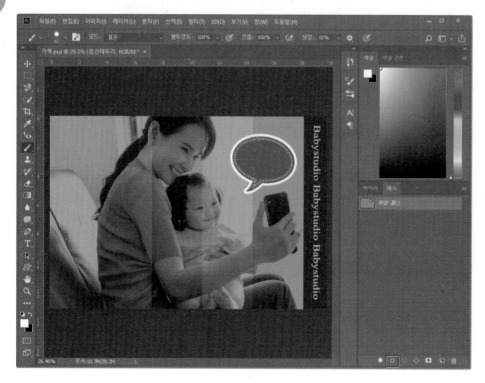

13 패스 영역의 빈 공간을 클릭하면 점선 테두리가 설정된 것을 확인할 수 있습니다. 다음과 같이 내용을 입력하여 완성합니다.

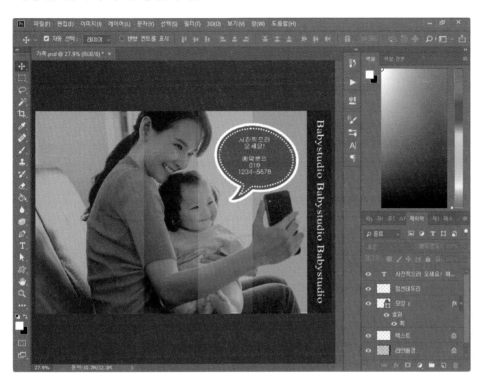

1 펜 도구와 텍스트를 이용하여 다음과 같이 문자를 디자인 해보세요.

▶완성파일 : section21/문자.psd

힌트

텍스트를 입력한 다음 [레이어]–[래스터화]–[문자]를 클릭하여 텍스트를 이미지화 시킵니다.

2 준비파일을 불러와 다음과 같이 블로그 로고를 만들어 보세요.

▶준비파일 : section21/요리사.jpg
▶완성파일 : section21/블로그로고.psd

COPYRIGHT

Ok Click 한글포토샵 CC 사진꾸미기

2020년 1월 20일 초판 1쇄 인쇄
2020년 1월 30일 초판 1쇄 발행

저 자	김수진
기 획	정보산업부
디자인	정보산업부
펴낸이	양진오
펴낸곳	(주)교학사
주 소	(공장)서울특별시 금천구 가산디지털1로 42 (가산동)
	(사무소)서울특별시 마포구 마포대로14길 4 (공덕동)
전 화	02-707-5314(문의), 02-707-5147(영업)
등 록	1962년 6월 26일 〈18-7〉
홈페이지	http://www.kyohak.co.kr

한글포토샵CC
사진꾸미기